Rolf Arnold

Das Santiago-Prinzip

Rolf Arnold

Das Santiago-Prinzip

**Führung und
Personalentwicklung
im lernenden Unternehmen**

Deutscher
Wirtschaftsdienst

Die Deutsche Bibliothek – CIP-Einheitsaufnahme

Arnold Rolf:
Das Santiago-Prinzip : Führung und Personalentwicklung im lernenden
Unternehmen / Rolf Arnold. -
Köln: Dt. Wirtschaftsdienst, 2000
ISBN 3-87156-270-X

Fachverlag Deutscher Wirtschaftsdienst GmbH
Marienburger Straße 22, D-50968 Köln (Marienburg)
Telefon (02 21) 9 37 63-0, Telefax (02 21) 9 37 63-99
Internet: http://www.dwd-verlag.de, eMail: box@dwd-verlag.de

Umschlaggestaltung: Reckels, Schneider-Reckels, Wiesbaden
Satz: TGK Wienpahl, Köln
Druck: Wilhelm & Adam, Heusenstamm

Vorwort

Das vorliegende Buch beschreibt Grundlinien und Prinzipien einer fortschrittlichen Personalentwicklung und Führung. Als fortschrittlich wird dabei eine Praxis genannt, die dazu beiträgt, dass unsere Unternehmen sich zu lernenden Unternehmen wandeln können. Lernende Unternehmen sind solche, in denen Führungskräfte und MitarbeiterInnen kontinuierlich lernen und in denen Problemlösungen so organisiert sind, dass nicht Hierarchie, sondern Kompetenz mobilisiert wird.

Damit dieses gelingen kann, sind die Führungskräfte selbst für die Personalentwicklung zuständig. Und damit Führungskräfte diese Aufgabe wahrnehmen können, müssen sie zu systemischem Denken und Handeln befähigt werden und insbesondere Vorstellungen einer Allzuständigkeit überwinden. Führungskräfte und Personalentwickler müssen selbst „reflexiv" lernen, d.h. ihre gewachsenen Sichtweisen und ihre gewohnten Verhaltensweisen überwinden. Ganzheitliches Denken und Handeln ist dabei ebenso erforderlich wie eine Gelassenheit, die hilft, einen klaren Blick für systemische Komplexität und die Selbstorganisation von Unternehmen zu entwikkeln.

Die im folgenden als SANTIAGO-Prinzip dargestellten Aspekte des lernenden Unternehmens sind Ergebnis und Ausdruck mehrjähriger Trainings- und Beratungserfahrung im nationalen und internationalen Kontext. Dazu zählen auch die Erfahrungen mit der Aus- und Weiterbildung von mittlerweile mehreren hundert Führungskräften aus den Bereichen Weiterbildung und Personalentwicklung, die der Autor im Rahmen der von ihm initiierten Fernstudiengänge „Personalentwicklung im lernenden Unternehmen" sowie „Erwachsenenbildung" an der Universität Kaiserslautern sammeln konnte.

Kaiserslautern, im Januar 2000
Rolf Arnold

Einführung –
Der Pilgerpfad und das lernende Unternehmen

Was hat die spanische Version des Namens eines Apostels – des heiligen JAKOBUS (span. „Santiago") mit dem Thema „Führung und Personalentwicklung im lernenden Unternehmen" zu tun? – mögen sich einige Leserinnen und Leser des vorliegenden Buches fragen. Die Antwort hat eine autobiographische und eine sachliche Seite: Die autobiographische Seite ergibt sich ganz einfach daraus, dass ich seit mehreren Jahren in jährlichen Etappen den Jakobsweg von Pamplona nach Santiago de Compostela durchwandere und mich dabei auch mit der jahrhundertealten Tradition dieses Pilgerpfades beschäftigt habe. Der Legende zufolge sah vor ca. tausend Jahren ein Hirte einen Stern über einem Feld an der Stelle leuchten, an der der heilige JAKOBUS begraben lag. Dieser soll nach dem Tod CHRISTI auf der Iberischen Halbinsel das Evangelium verkündet haben. Der Ort, an dem das Grab gefunden worden war, erhielt den Namen Compostela, was soviel bedeutet wie „Sternenfeld". In den folgenden Jahrhunderten entwickelte sich hier eine Stadt, die zu einem der drei bedeutendsten Pilgerzentren des Christentums – neben Rom und Jerusalem – wurde. Im Mittelalter passierten bis zu tausend Pilger täglich die Klöster, Herbergen und Hospitäler auf dem Jakobsweg, und auch heute noch kann man hier täglich Menschen aus allen Nationen treffen, die zu Fuß nach Santiago pilgern. Dass der Jakobskult darüber hinaus eine wichtige geistesgeschichtliche Voraussetzung für den Erfolg des seit dem 12. Jahrhunderts beginnenden Kampfes gegen die Mauren war, ist ein historischer Sachverhalt, der hier nicht weiter ausgeführt werden kann, obgleich er ursächlich und prägend für die große Bedeutung dieses Kultus und letztlich auch für die europäische Entwicklung gewesen ist.

Der sachliche Aspekt der Frage nach dem Bezug zwischen dieser historischen Besonderheit Nordspaniens und dem Thema dieses Buches ergibt nun aber daraus, dass „Pilgern auf dem Jakobsweg" nicht nur als das Zurücklegen eines äußeren Weges angesehen wurde, sondern auch als Entdeckung des eigenen inneren Weges und als Entwicklung einer neuen Grundhaltung. In einem neueren Buch aus Brasilien, welches sich mit dem Jakobsweg beschäftigt, kann man hierzu lesen:

„Wenn man auf ein Ziel zugeht (...) ist es äußerst wichtig, auf den Weg zu achten. Denn der Weg lehrt uns am besten, ans Ziel zu gelangen, und er bereichert uns, während wir ihn zurücklegen. (...)

Das gilt auch, wenn man im Leben ein Ziel verfolgt. Der gute oder schlechte Ausgang hängt vom Weg ab, den wir einschlagen, um es zu erreichen, und von der Art, wie wir diesen Weg gehen. (...) Wenn du die Dinge anders als gewohnt machst, lässt du zu, dass ein neuer Mensch in dir wächst. Aber die Entscheidung liegt bei dir" (COELHO 1999, S. 52 ff.).

Solche Äußerungen verdeutlichen, dass die Weg-Ziel-Problematik auch und gerade für die Jakobspilger von grundlegender Bedeutung war. Ihr Weg war zudem nicht nur ein Weg nach Santiago de Compostela, sondern auch ein Weg zu sich selbst, d.h. der Versuch, sich selbst und die Dinge um sich herum anders zu sehen. Der oft monatelange Marsch allein oder in Gruppen durch die sengende Sonne Nordspaniens ließ sie mit ihren Gedanken und Gesprächen allein. Das Wandern wurde so zu einer Form der Begegnung mit Fremdem, der Auseinandersetzung mit sich selbst, der eigenen Biographie und der eigenen Wahrnehmungs-, Sicht- und Denkweisen. Fast alle kamen von dieser Reise innerlich gewandelt zurück. In einer neueren Untersuchung des Jakobs-Kults von ROLF LEGLER lesen wir:

„Die weiteste, bekannteste und verbreitetste große Reise des Mittelalters nördlich der Alpen war gewiss die große Wallfahrt nach Santiago de Compostela. Wer diese Reise unternahm, machte eine Wallfahrt ganz im ursprünglichen Sinne des Wortes peregrinari: eine Reise, die (mindestens vorübergehend, aber auch für unbestimmte längere Zeit) eine Aufgabe der heimatlichen Bequemlichkeit und Sicherheit bedeutete, ein Hinausgehen in eine unbekannte Fremde, in der das vorläufige Ziel Santiago de Compostela heißen konnte" (LEGLER 1999, S. 73 f.).

Es ist dieses „Hinausgehen in eine unbekannte Fremde", welches m.E. auch für die Führung und die Personalentwicklung im lernenden Unternehmen eine Leitorientierung zu stiften vermag: Die Komplexität und Dynamik moderner Unternehmensorganisation verbietet es geradezu, sich in starren Regelungen und in „sicheren" professionellen Wissensbeständen und Rezepten häuslich einzurichten. Die Gestaltung von lernenden Unternehmen erfordert vielmehr eine neue Grundhaltung, die der des Pilgerns, des sich systematischen Lösens von Vertrautem und des sich beständigen Öffnens für neue Situationen durchaus verwandt ist. In dem vorliegenden Buch wird dieser Gedanke von verschiedenen Seiten immer wieder beleuchtet, wobei die einzelnen Gesichtspunkte, die dabei zur Sprache kommen – in der Reihenfolge ihrer Anfangsbuchstaben – das Wort „SANTIAGO" ergeben.

Es ist jedoch nicht allein die Zufälligkeit dieses Wortarrangements, welches diese Aspekte verbindet, sie konstituieren vielmehr auch Facetten eines neuen, weniger interventionistischen, nachdenklicheren und reflexiveren Führungs- und Personalentwicklungskonzeptes. Führung und Personalentwicklung werden weniger von dem

> **Die Gestaltung von lernenden Unternehmen erfordert eine neue Grundhaltung, die der des Pilgerns durchaus verwandt ist.**

„führenden" oder zu „entwickelnden" Personal her gedacht, sondern vielmehr stärker auf die Vorstellungen, Sichtweisen und Deutungsmuster der Verantwortlichen und ihre Selbstreflexivität bezogen. In diesem Sinne stellt KARLHEINZ GEIẞLER fest:

„Da Standardsituationen immer weniger auftauchen, sind Standardlösungen auch immer weniger praktikabel. (...) Das folgenreichste Fehlverhalten ist hingegen der Versuch, die soziale Situation und die interaktiven Prozesse technikzentriert zu steuern. Der komplexe Motivhaushalt der verschiedenen Mitarbeiter im Betrieb und die Nicht-Programmierbarkeit sozialer Abläufe lässt lineare und ausgrenzende Steuerungsmechanismen eher zum Problem als zu einer Hilfe werden. Wichtigste Voraussetzung der unterschiedlichen Realitäten, auch jener Realität, die man lieber nicht sehen will (das Unangenehme, das Schlechte, das Schmutzige). Die regelmäßige Selbstbeobachtung zum Zwecke einer realitätsgerechten Zustandsanalyse ist dabei unerlässlich, will man sich nicht der Gefahr aussetzen, in einer sich wandelnden Umgebung zunehmend starrer zu werden" (GEIẞLER 1991, S. 47f.).

Führungskräfte und Personalentwickler müssen ihre Aufgabe deshalb auch stärker als eine Arbeit an sich selbst begreifen und ständig darum bemüht sein, eigene Verhaltensmuster zu erkennen (vgl. HOFMANN 1993) und Fremdes nicht mit vertrauten Mustern oder Rezepten zu verzerren. Sie müssen sich vielmehr beständig auf unbekanntes Fremdes einlassen können und in der Lage sein, instrumentell und gelassen mit ihren eigenen Sichtweisen und Konstrukten umzugehen – hierin liegt vielleicht wirklich auch eine gewisse inhaltliche Parallelität zwischen dem *Pilgern* und dem *Führen*. Jeder der in diesem Buch entfalteten Aspekte lädt zu einem solchen selbstreflexiven „Hinausgehen in eine unbekannte Fremde" ein:

So verbirgt sich hinter dem Konzept einer *Stellvertretenden Führung* die Vorstellung eines Führungskonzeptes, welches Selbstführung ermöglicht. Hierzu muss eine solche Führung systematisch die Voraussetzungen schaffen und in einem positiven Sinne an den Potentialen der Mitarbeiter anknüpfen. Gleichzeitig können Führungskräfte und Personalentwickler sich heute nicht mehr nur naiv-interventionistisch verhalten und davon ausgehen, dass ihr Input auch den gewünschten Output erzielt. Sie müssen sich vielmehr von solchen Maschinenmodellen lösen und die Dynamik und *Autopoiesis* (= Selbstorganisation) lebendiger Systemstrukturen in Rechnung stellen. Nur indem sie die Dynamik des Systems für ihre eigenen Ziele nutzen, können sie auch langfristige Wirkungen i.S. einer *Nachhaltigkeit* erreichen, d.h. i.S. einer Kompetenzentwicklung, die nicht wirkungslos verhallt.

Eine weitere Voraussetzung wirksamer Führung und Personalentwicklung in lernenden Unternehmen ist die Anerkennung der Tatsache, dass unsere Konstrukte und Deutungsmuster die Realität ausmachen, die wir erkennen. Organisationswandel kann deshalb nur „in den Köpfen stattfinden", d.h. Führungskräfte und Personalentwickler müssen sich auch systematisch um die *Transformation* von Deutungsmustern (auch der eigenen) kümmern, wenn sie wirkliche Veränderungen erreichen wollen. Dieser Aspekt trägt auch der Tatsache Rechnung, dass Wirklichkeit grundsätzlich nur durch *Interpretation* erschlossen werden kann, weshalb es auch darauf ankommt, dass Führungskräfte und Personalentwickler systematisch geteilte Weltsichten stiften und so eine Unternehmenskultur erst wirklich wachsen lassen.

Führungskräfte und Personalentwickler sind aber auch – wie bereits gesagt – für das Arrangement von Lern- und Entwicklungsmöglichkeiten zuständig, wobei man sogar so weit gehen kann festzustellen, dass moderne Führung eigentlich nur in diesem Sinne arrangierend und kaum intervenierend geschehen kann. Eine grundlegende Voraussetzung für ein entsprechendes Führungsverhalten ist eine *Gelassenheit*, die aber nicht mit Lässigkeit und Nichtstun verwechselt werden darf. Führungskräfte, die gelassen sind, lösen sich vielmehr stärker von eigenen Gewissheiten und rezeptologischen Einflüsterungen und lernen, in der Sprache des Systems zu reden.

Alle diese Aspekte gewährleisten schließlich auch, dass ein *Organisationslernen* möglich wird, d.h. ein Lernen, in dem nicht der Wissensegoismus, sondern die Entwicklung eines von allen Mitarbeitern geteilten Wissens im Vordergrund steht.

Stellvertretende Führung –

Moderne Führung ist Führung zur Selbstführung

Stellvertretende Führung –

Moderne Führung ist Führung zur Selbstführung

„Führung" ist im Deutschen kein sympathiebeladener Begriff. Insbesondere „Führer" und „Führertum" sind historisch kontaminierte Bezeichnungen, die sogleich Erinnerungen an die dunklen Phasen einer menschenverachtenden Unterordnungskultur wachrufen. Wer möchte schon seinen professionellen Selbstanspruch mit solchen Assoziationen belasten. Obgleich heute immer noch von „Führungskräften" und bisweilen auch von „Personalführung" und von „Mitarbeiterführung" die Rede ist, gibt es kaum noch jemand, der nicht viel lieber in englische bzw. amerikanische Begriffe ausweicht und von „Management" oder „Leadership" spricht, wenn er die Rolle derer beschreibt, die in Unternehmen und anderen Organisationen für die Prozesskoordination und die Gesamtzielerreichung verantwortlich sind.

Wenn im Folgenden von Führung und Personalentwicklung die Rede ist, dann mit einer zweifachen Ansicht: Zum einen soll „die andere Seite" der Führung ins Bewusstsein gerückt werden, die etwas damit zu tun hat, dass Führung und Geführtwerden eigentlich nur durch das Band der

> **Führung und Geführtwerden werden nur durch das Band der Akzeptanz tatsächlich wirkungsvoll zusammengebunden.**

Akzeptanz tatsächlich wirkungsvoll zusammengebunden werden. Zum anderen soll die Erfahrung erläutert werden, dass langfristig erfolgreiche Führung mehr mit „Pflege" als mit „Durchgreifen" zu tun hat. Zwar müssen auch Führungskräfte bisweilen unbequeme Entscheidungen umsetzen, und es ist zudem ein Kennzeichen „ihres Jobs", dass viele Entscheidungen kontrovers sind, doch können sie ohne ein prinzipiell unterstützungsfreundliches Umfeld auch bei einer eskalierenden Härte langfristig nicht wirklich erfolgreich sein. Viele Führungskräfte wissen dies aus leidvollen eigenen Erfahrungen. Sie haben einsehen müssen, dass ihre „Mehr-desselben-Konzepte" (WATZLAWICK 1991) nicht zum erhofften Durchbruch führen, sondern eben zu „Mehr-desselben", was oft genug „Nichts" ist.

Kluge Führung weiß, dass Menschen sich ihre eigenen Gedanken machen und glücklicherweise „ihren eigenen Kopf haben". Und gute Führung weiß auch, dass Menschen sich einbringen und einen Beitrag zur Problemlösung leisten wollen und können. Zumeist ist es heute so, dass überhaupt nur die Mitarbeiter selbst über die ganzen Detailkenntnisse und das erforderliche Kontextwissen verfügen, das für eine sachangemessene Entscheidung erforderlich ist.

> **Die Geführten sind oft genug die eigentlichen Experten ihrer Probleme.**

Die „Geführten" sind oft genug die eigentlichen Experten ihrer Probleme – ein Gedanke, den auch heute noch immer zahlreiche Führungskräfte nicht an sich heranlassen wollen. Sie fragen sich nach ihrer Existenzberechtigung, wenn nicht sie es sind, die letztlich „Bescheid wissen" und sagen können, „wo es lang geht". Wer so denkt, hat in der Tat noch nicht begriffen, dass die zunehmende Komplexität betrieblicher Abläufe heute nur noch erfolgreich gestaltet werden kann, wenn die unmittelbar Beteiligten vor Ort zur Selbstführung fähig und – was noch viel wichtiger ist – berechtigt sind. Beides – die Befähigung der Mitarbeiter zur Selbstführung einerseits sowie ihre Berechtigung zur Selbstführung andererseits – sind deshalb heute wichtige Aspekte moderner Führungskulturen. Unternehmen können sich heute zunehmend weniger den Luxus leisten, ihren Mitarbeitern und Mitarbeiterinnen nur das zu erlauben, was in deren Stellenbeschreibungen festgelegt ist. Sie sind vielmehr schon heute darauf angewiesen, dass diese mehr tun als sie offiziell dürfen, und oft sind es die Mitarbeiter „vor Ort", die augenzwinkernd das Richtige tun, auch wenn dies nicht immer zu 100 Prozent den „von oben" kommenden Vorgaben entspricht. Ist es möglicherweise wirklich so, dass – wie man bisweilen lesen kann – viele Mitarbeiter lediglich 20–30% ihrer tatsächlichen Kompetenzen auf ihren Stellen wirksam einbringen können und die Unternehmen so auf ein unglaublich großes Know-how-Potential verzichten?

Und was wird dann aus den Führungskräften, wenn alle sich selbst führen? – so könnte man fragen. Die Antwort auf diese Frage kann nicht pauschal gegeben werden, zeichnet sich doch hinter diesem Wandel zu einer betrieblichen Kultur der Selbstführung ein weitgehend verändertes Anforderungsprofil für gerade eben die Gruppe der Koordinations- und Zielerreichungsverantwortlichen ab. Moderne Führung ist – so könnte man dieses neue Anforderungsprofil paradox überschreiben – eine Führung zur Selbstführung. Für den eigenen Führungsanspruch von Führungskäften bedeutet dies, dass sie nur noch dort führen, wo Selbstführung nicht oder noch nicht gelingt. Diese stellvertretende Führung folgt dem Subsidiaritätsprinzip mit der Maßgabe, nur in den Bereichen tätig zu werden, in denen die Eigenkräfte der Teams nicht ausreichen. Gleichwohl ist stellvertretende Führung nicht mit Nicht-Führung zu verwechseln. Sie ist vielmehr die systemisch intelligentere Form von Führung, weiß sie doch, dass Zielerreichung nur unter Nutzung der bereits vorhandenen Kräfte und am besten nur im Einklang mit diesen Kräften möglich ist. Stellvertretende Führung stellt zudem hohe Anforderungen an die Sensibilität und die Selbstbeherrschung der Führungskräfte. Diese müssen sich auf eine Neubestimmung ihrer Rolle wirklich einlassen und sich von den Vorstellungen des „Im-Griff-Habens", „Darüberstehens" und „Machens" ein Stück weit lösen. Demgegenüber sind weiche Kompetenzen gefragt. Führungskräfte müssen soziale, kommunikative und letztlich sogar didaktische Fähigkeiten entwickeln. Sie sind nämlich für

> **Stellvertretende Führung ist nicht mit Nicht-Führung zu verwechseln.**

das Lernen und die Entwicklung ihrer Teams verantwortlich. Hierfür müssen sie dialogoffen und dialogfähig werden. Der Erfolg ihres Handelns hängt nämlich in letzter Instanz davon ab, ob und inwieweit es ihnen gelingt, Einzelne und Gruppen in ihren Entwicklungsvorhaben zu beraten, Wandlungsprozesse zu begleiten und eine kontinuierliche Sensibilität für die soziale Eigendynamik von organisatorischem Wandel aufzubringen. Moderne Führung erhält somit in lernenden Unternehmen bzw. Organisationen die Aufgabe, für die Moderation der betrieblichen Selbstorganisation zuständig zu sein. Um die Mitarbeiterpotentiale gezielt und kontinuierlich zu fördern und so einen Beitrag zur betrieblichen Selbstorganisation zu leisten, können bewusste Vorkehrungen getroffen werden.

Eine Veröffentlichung des Instituts der Deutschen Wirtschaft gibt hierzu einen brauchbaren Überblick.

Mitarbeiterbezogene Ziele/Aufgaben	Maßnahmen (Beispiele)
Aktualisierung von Fachwissen	Externe Fachseminare, Teilnahme an Workshops, berufsbezogene Lektüre, interner und externer Erfahrungsaustausch, Telelearning, Lernstatt
Beherrschen umfangreicher Tätigkeiten	Arbeitserweiterung, Arbeitsplatzwechsel, Unterweisung
Erweiterung einer Tätigkeit durch zusätzliche Entscheidungskompetenz	Arbeitsbereicherung
Kennen lernen bereichsübergreifenden Wissens	Arbeitsplatzwechsel
Erhöhung von Kreativität und Innovationsfähigkeit	Auf Dauer angelegte Arbeitsgruppen (Qualitätszirkel), KVP, Seminar „Wissensmanagement", Seminar „Innovationsmanagement"
Erhöhung der Arbeitsproduktivität	Seminar zur effektiven Arbeitsorganisation („Selbst- und Zeitmanagement")
Nutzung neuer Technologien	Unterweisung, Selbstlernsoftware, Seminar
Kooperation mit anderen verbessern	Interner Workshop zu Kommunikation, Informationsvergabe und Moderation

Abb. 1: Möglichkeiten zur Förderung und Aktivierung des Mitarbeiterpotentials (BROCKHAGEN/FLÜTER-HOFFMANN 1999, S. 14)

Grundlage für ein in diesem Sinne sensibles und prozess- sowie entwicklungsförderliches Führen, ist zunächst ein Abschied von der Illusion der Machbarkeit und Allzuständigkeit. Beide Ansprüche sind nämlich auch nicht selten Ausdruck negativer Menschenbilder

(„Menschen wollen geführt werden") oder latenter narzisstischer Bedürfnisse nach dem Motto „Alle blicken zu mir auf" (vgl. DE VRIES 1998). Machen wir uns nichts vor: Wir alle werden gesteuert durch unseren inneren Bilder erfolgreichen Handelns sowie unsere Bedürfnisse nach Anerkennung. Und diese Bilder sind historisch geprägt, an Vorbildern gelernt, und es ist oftmals erschreckend, wie uns diese verinnerlichte Sicht der Welt zu einer zweiten Haut geworden ist. Stellvertretende Führung muss sich von solchen überlieferten Vorstellungen und An-

> **Führungskräfte müssen Abschied nehmen von der Illusion der Machbarkeit und Allzuständigkeit.**

sprüchen an die eigene Führung lösen. Führungskräfte müssen hierzu gewissermaßen aus ihrer (zweiten) Haut schlüpfen. Sie müssen erkennen, dass ihr Glaube an die Machbarkeit von Kooperation und an die notwendige Zentralität ihrer eigenen Rolle nichts weiter waren als „Stege in schwerem Gelände"; doch bei der Konstruktion ihrer Stege sahen sie nicht die Pfade und Abkürzungen, die das Gelände selbst für sie bereithielt und die die „Eingeborenen" bereits seit Jahren benutzten. Führen kann so Selbstführung behindern oder gar zu ersetzen versuchen, wobei es doch darauf ankäme, die Selbstführungspotentiale zu erkennen, zu fördern und zu nutzen. Bereits PESTALOZZI, der bekannte Volkspädagoge und Erzieher, hat über solche kontraproduktiven Wirkungen gut gemeinter Führung nachgedacht und in der bekannten Schrift „Wie Gertrud ihre Kinder lehrt" selbstkritisch festgestellt: „Ich fand nirgends Schwäche, als (...) in mir selber, insofern ich führen wollte, wo nicht zu führen ist" (zit. n. LITT 1965, S. 26). Und CARL ROGERS führt diesen Gedanken weiter, indem er die professionelle Rolle von Führungsverantwortlichen neu bestimmt:

„Je mehr ich gegenüber den Realitäten in mir und im anderen offen bin, desto weniger verfalle ich dem Wunsch herbeizustürzen und 'die Dinge in Ordnung zu bringen'. Während ich versuche, mir und den Erfahrungsvorgängen, die sich mir ereignen, zuzuhören, und je mehr ich versuche, die gleiche zuhörende Einstellung auf einen anderen Menschen auszudehnen, desto mehr Respekt empfinde ich vor den komplexen Prozessen des Lebens. So werde ich immer weniger dazu neigen, hinzueilen, um 'Dinge in Ordnung zu bringen', Ziele zu setzen, Menschen zu formen, sie in die Richtung zu manipulieren und zu schieben, in die ich sie haben möchte. (...) Ich weiß wohl" – sagt Rogers – „dass dieser Standpunkt fremd,

*beinahe orientalisch anmuten muss. Wozu denn das Leben, wenn wir
nicht vorhaben, etwas aus den Menschen zu machen? (...) Wozu das
Leben, wenn wir nicht vorhaben, ihnen Dinge beizubringen, die sie unserer Meinung nach lernen sollen?"* (ROGERS 1979, S. 37).

Mit diesen Worten hat ROGERS bereits wesentliche Gesichtspunkte
eines Konzeptes stellvertretender Führung umrissen. Deren „Problem"
ist nämlich nicht so sehr die ungeduldige Frage, was Führungskräfte denn stattdessen tun sollten – hierauf kommen wir sogleich
zurück –, sondern vielmehr die Frage nach dem Umgang mit den
eigenen Machbarkeits- und Dominanzansprüchen. Notwendig sind
hierfür, wie wir von CARL ROGERS lernen, ein „Respekt vor den komplexen Prozessen des Lebens" sowie eine „zuhörende Einstellung".
Darüber hinaus ist aber auch ein Vertrauen in die konstruktive
Kraft des Lebendigen notwendig. Während „Chaos" für die aller-
meisten von uns eine Schreckensvision darstellt, die wir mit Begriffen wie Unordnung, Durcheinander oder Tohuwabohu assoziieren,
wissen wir aus der Chaosforschung, dass dies keineswegs so ist. Es
gibt vielmehr so etwas wie konstruktive Kräfte des Lebendigen,
weshalb Abwarten und Hinspüren auf die Eigenkräfte von Systemen sowie Lernen vom System oft wichtigere Voraussetzungen für
erfolgreiches Handeln sind als Zielsetzung, Intervention und Kontrolle. HERBERT JAEGER schreibt dazu im Kursbuch 89, das dem Thema
Chaos gewidmet ist: „Der Wahn der Beschreibbarkeit, Beherrschbarkeit, Machbarkeit" ist „unter den Nadelstich(en) einer klar(er)en
Einsicht" schon längst geplatzt: „Uns steht eine wunderbare Lekti-
on in Bescheidenheit bevor" (JAEGER 1989, S. 163).

Das Konzept der „Führung zur Selbstführung" erschüttert aber
darüber hinaus auch noch das fachliche Selbstverständnis vieler
Führungskräfte. Es geht nämlich davon aus, dass Führungskräfte
zwar auch von der jeweiligen Sache, um die es geht (z.B. Produktion von Nähmaschinen), etwas verstehen müssen, dass sie sich
aber über dieses Wissen und etwaige Wissensvorsprünge in dieser
Sachfrage immer weniger gegenüber ihren Kollegen und ihren eigenen Vorgesetzten legitimieren können. Sie sind vielmehr dann erfolgreich, wenn es ihnen gelingt, das Potential ihres Teams so zu
entwickeln, dass dieses ihnen selbst in puncto Sachwissen möglichst überlegen ist. Diese Konstellation ist in wissensdynamischen
Bereichen unvermeidbar. Führungskräfte, die sich hier noch auf

ihre inhaltliche Überlegenheit verlassen und diese zum Maßstab nehmen, sind im wahrsten Sinne des Wortes „verlassen". Als Führungskraft ist man heute nämlich nur noch dann erfolgreich, wenn es einem kontinuierlich und dauerhaft gelingt, die inhaltlichen Kompetenzen und das Problemlösungspotential der Mitarbeiterinnen und Mitarbeiter optimal zu bündeln.

Führungskräfte sind somit für die Kompetenzentwicklung der Abteilung bzw. des Teams zuständig. Hierfür ist es einerseits erforderlich, das Potential in den Kompetenzen des eigenen Teams zu erkennen, andererseits ist es notwendig, dass Füh-

> **Führungskräfte sind somit für die Kompetenzentwicklung der Abteilung bzw. des Teams zuständig.**

rung die Entwicklung dieser Kompetenzpotentiale ermöglicht. Führung ist heute somit nicht mehr in erster Linie Sachführung, sondern Personalentwicklung. Für ein Führen durch Personalentwicklung sind die beiden Leitgesichtspunkte der Ermöglichungsorientierung und der Potentialorientierung charakteristisch.

Ermöglichungsorientierung

Was bedeutet Ermöglichungsorientierung im Einzelnen? Der Begriff der Ermöglichungsorientierung fasst zunächst zusammen, dass Kooperationserfolge durch Führung nicht „gemacht" bzw. „erzeugt" werden können. Qualität und Professionalität von Führungskräften bemessen sich vielmehr heute direkt danach, ob und inwieweit sich diese von der Erzeugungsillusion des Ingenieur- bzw. Maschinenbildes von Führung gelöst haben. Das Erzeugungskonzept von Führung beruht auf schlichten Input-Output-Überlegungen, die zunächst von der Basishypothese ausgehen, dass der Output eines sozialen Systems, d.h. eines Teams oder einer Arbeitsgruppe, von dem Input abhängig ist, den die Führungskraft gibt. Deshalb wird der Input intensiviert oder variiert, wenn das soziale System nicht die gewünschten Effekte liefert. Was die Führungskraft dabei im Einzelnen zu beachten habe und mit welchen Motivations- und Incentive-Strategien dabei zu Werke zu gehen sei, darüber gibt es mittlerweile ganze Bibliotheken mit einer entsprechenden Ratgeberliteratur. Obgleich viele dieser Konzepte mit systemtheoretischen Begrifflichkeiten operieren, ist ihnen doch allen eine Erzeugungsorientierung eigen: Führung wird in erster Linie als die Tätigkeit einzelner Führungskräfte dargestellt, und es wird mehr oder weniger unverhohlen so getan, als gäbe es letztlich – wenn man es nur geschickt genug „anstellt" – auch Möglichkeiten, ein soziales System dazu zu bringen, dass es das tut, was man will. Bisweilen wird sogar versprochen, dass man erreichen könne, dass ein soziales System das tun will, was es soll.

Das ermöglichungsorientierte Konzept von Führung setzt völlig anders an. Es geht nicht von der Frage aus, wie ein soziales System zu steuern sei, sondern versucht zu verstehen, wie sich ein soziales System selbst steuert (vgl. WILLKE 1998). Es versucht deshalb auch nicht, eine ausgefeilte Strategie für die Motivation von Mitarbeiterinnen und Mitarbeitern zu entwickeln, sondern geht vielmehr davon aus, dass es zunächst darum gehen müsse, die Motivation dieser Menschen zu „entdecken". Entsprechend sind auch die Funktionen, die eine Führungskraft zu erfüllen hat, anders definiert.

> **Es geht nicht um das Setzen von Zielen, sondern um das Klären von Zielen.**

Es geht nicht um das Setzen von Zielen, sondern um das Klären von Zielen. Diese Formulierung verdeutlicht, dass es zwar Sach- und Produktionszwänge gibt, dass aber die Ziele, die ein Unternehmen zu erreichen hat, letztlich nicht von oben herab bestimmt werden können, ohne dass die Mitarbeiterinnen und Mitarbeiter die Chance haben, diese Ziele mitzubestimmen, sich präzisierend und auch korrigierend in die Zielplanung einzubringen und auch eigene Ziele mit dieser Zielplanung in Verbindung zu setzen. Nur wenn es der Führungskraft gelingt, die Zielklärung in diesem Sinne dialogisch und partizipativ zu „organisieren", kann sie eine Struktur schaffen, in der die Eigenkräfte des Systems in den Dienst der Zielerreichung gestellt werden. Wenn alles von außen kommt, und die Menschen nur als Plan- und Vorgabenerfüller angesprochen werden, darf man sich nicht wundern, wenn sie sich auch mit der Zeit auf die Erledigung des Notwendigsten beschränken.

Aufgabe der Führungskraft ist es, die zumeist als Vorgabe auferlegten „Sachzwangziele" (z.B. bestimmte Umsatzsteigerungsquoten) mit den Erwartungen und Erfahrungen der Mitarbeiterinnen und Mitarbeiter zu vermitteln. Dabei kann es jedoch nicht so sein, dass – wie dies häufig geschieht – die Mitarbeiterinnen und Mitarbeiter lediglich „gewonnen" oder „überredet" werden sollen, es kommt vielmehr darauf an, in nötigenfalls mehreren Feed-back-Schleifen einen Abgleich zwischen eigenen und betrieblichen Sichtweisen zu erreichen, was leichter gesagt als getan ist. Damit ein solcher Prozess tatsächlich gelingt, ist es notwendig, dass Bedenken, Sachargumente und Anregungen, die die Mitarbeiterinnen und Mitarbeiter einbringen können, bereits vor der eigentlichen Zielsetzung eruiert und in den Prozess der Zielkonkretisierung auf der Leitungsebene einbezogen werden. Entscheidungen beginnen somit immer mit einer Such- und Sammelphase. Gesammelt werden Sichtweisen, Meinungen sowie Anregungen. Diese Bottom-up-Aktivitäten gehen der Entwicklung eines ersten Top-down-Entscheidungsvorschlages notwendig voraus. Klammert man diesen grundsätzlichen Vorrang der Standpunktsammlung aus und geht nicht zunächst von den Erfahrungen und Überlegungen der Mitarbeiter aus, so besteht die Gefahr, dass die Mitarbeiterorientierung zu einer lästigen, aber letztlich wirkungslosen Nachübung herunterkommt, deren Alibifunktion schnell durchschaut wird. Ermöglichungsorientierung setzt jedoch eine Glaubwürdigkeit des Führungshandelns voraus. Und zu dieser Glaubwürdigkeit gehört auch die gelebte Überzeugung, dass auch diejenigen, die „vor Ort" tätig sind, wichtige Anregungen geben und über die Durchführbarkeit oder Nicht-Durchführbarkeit von geplanten Vorhaben und Projekten mitentscheiden können. Letztlich muss sich das gesamte Kooperationsklima in einer Ermöglichungskultur wandeln. Die Entscheidungsabläufe sind stärker partizipationsorientiert. Zu treffende Entscheidungen und Zielvereinbarungen werden von Anfang an als eine nach Möglichkeit kooperativ-dialogisch zu entwickelnde Aufgabe verstanden. Und in dem Maße, in dem sich so Bottom-up-Entscheidungsformen in der sichtbar gelebten Kooperationskultur eines Unternehmens etablieren, verändert sich auch die Arbeitsteilung zwischen Führern und Geführten sowie das Aufgabenprofil der Führungskräfte.

> **Letztlich muss sich das gesamte Kooperationsklima in einer Ermöglichungskultur wandeln.**

Führungskräfte, die stellvertretend führen, leben sichtbar und glaubwürdig eine Kooperation, in der die Mitarbeiterinnen und Mitarbeiter möglichst viel, möglichst umfassend einbringen und entscheiden können. Sie wissen, dass grundsätzlich alle anstehenden Entscheidungen zunächst einmal in einer vorläufigen Form zur

Diskussion gestellt werden müssen. Dabei ist es in aller Regel hilfreicher, die gesamte Problemlage möglichst transparent und mit Pro und Kontra darzustellen sowie verschiedene Szenarios offen „durchzuspielen" als ausgefeilte Entscheidungsvorschläge zu unterbreiten. Stellvertretende Führung ist in wesentlichen Teilen mehr Moderation als Entscheidung. Führungskräfte sind weniger darauf aus, Prozesse zum Ziel zu führen, als vielmehr dafür zu sorgen, dass die Dinge sich zielgemäß entwickeln. Sie erzeugen nicht den Kooperationserfolg, sondern ermöglichen diesen. Gleichzeitig schafft stellvertretende Führung auch eine Kultur des Vertrauens und der Selbstwirksamkeit, die – hat man sie erst einmal durch glaubwürdiges Führungshandeln mühsam entwickelt – ein unschätzbares Kapital sowie einen unbezahlbaren Wettbewerbsvorteil darstellt. Während in den verbreiteten Misstrauenskulturen jeder ängstlich darauf bedacht ist, nur so viel in die Kooperation einzubringen, wie von ihm erwartet wird und auch die Führungskräfte in der Regel peinlich darauf bedacht sind, dass niemand sich unberechtigt einmischt und „ihnen ihren Job erklärt" – so eine häufig gebrauchte Formulierung –, ist dies in Vertrauenskulturen anders. Hier wissen die Mitarbeiter und Mitarbeiterinnen aus eigener Erfahrung, dass es um sie und um ihre Arbeit geht. Und sie wissen auch, dass sie es sind, die die unternehmerischen Zielsetzungen mitberaten und mitbestimmen können, weil sie dies erlebt haben. Aus diesem Grunde sind nur in einer Vertrauenskultur die Mitarbeiterinnen und Mitarbeiter wirklich bereit, ihr kreatives Potential zur Verfügung zu stellen und sich an betrieblichen Problemlösungen zu beteiligen. Und es ist immer wieder aufs Neue frappierend, wie reichhaltig und anregend eine entsprechend partizipativ angelegte Entscheidungsfindung im Vergleich zu der Fehleranfälligkeit „einsamer Entscheidungen" ist. Eine solche Vertrauenskultur ist ein wertvoller Schatz, der allerdings sehr schnell wieder zerstört werden kann, indem Unternehmen in die alte Kultur der Top-down-Dominanz zurückfallen.

> **Stellvertretende Führung ist mehr Moderation als Entscheidung, ist Begeistern für gemeinsame Ziele.**

Es ist aber nicht nur die Aufgabe stellvertretender Führung, Zielsetzungen und Entscheidungsprozesse möglichst partizipativ zu organisieren, Führungskräfte müssen vielmehr die vereinbarten Ziele verlebendigen. Dies bedeutet, dass sie nicht nur ständig für Zielklarheit sorgen müssen, sondern auch dafür, dass die Ziele im Bewusstsein – und manche meinen: auch in den Herzen – der Mitarbeiterinnen und Mitarbeiter lebendig sind. Zwar kann es dabei nicht darum gehen, einen nüchternen und belastenden oder sogar bedrückenden Berufsalltag zu verkitschen, doch ist es identifikationsstiftend und motivierend, wenn die eigene Arbeit in einen größeren Zusammenhang gerückt oder mit einer übergeordneten Begründung ins Bewusstsein gehoben wird. Erinnert sei in diesem Zusammenhang an ST. EXUPERY, der einmal sinngemäß sagte, dass es für den Bau eines Schiffes notwendig sei, den Zimmerleuten „die Sehnsucht nach den Weiten des Meeres" zu vermitteln. So ähnlich ist dies auch bei der stellvertretenden Führung. Die Führungskräfte führen nach diesem Konzept nämlich weniger durch direkte Zielvorgabe, da diese Ebene mehr und mehr in die Selbstführung der Mitarbeiterinnen und Mitarbeiter selbst übergeht, sondern durch die Verlebendigung des gemeinsamen Auftrags und durch die Begeisterung für dessen Wert. In diesem Sinne erfüllen Führungskräfte eine visionäre Aufgabe entsprechend den Merkmalen eines visionären Managements:

„Wir müssen dahin kommen, dass wir statt unserer abgetragenen mentalen Modelle – unserer Selbst- und Weltbilder – die Welt wie ein Kind in jedem Moment wieder mit Neugier, Staunen und Frische betrachten und uns selbst in der Welt neu erleben. Wir sollten erreichen, dass wir möglichst oft konzentriert und hellwach in der Wirklichkeit sind, und sie mit allen Sinnen aufnehmen, so dass die Wirklichkeit endlich ihrem Namen gerecht werden und auf uns wirken kann" (ZUR BONSEN 1994, S. 31).

Führungskräfte, die stellvertretend führen, müssen allerdings auch darauf bedacht sein, eine Feed-back-Kultur aufzubauen. Auf diesen Aspekt ist immer wieder im Zusammenhang mit der Debatte um die Qualitätssicherung hingewiesen worden. Damit bei den zunehmend komplexer werdenden Abläufen die Einhaltung betrieblicher Qualitätsstandards überhaupt noch gewährleistet werden kann, ist es notwendig, das Qualitätsbewusstsein aller Beteiligten entsprechend zu entwickeln. Jeder einzelne – so die Quintessenz der Total-Quality-Management-Konzepte – ist am Standort seiner Verantwortung für die Wahrung der Qualität zuständig. Voraussetzung dafür, dass dies gelingt, ist eine umfassende Feed-back-Kultur. Wenn alle sich für jeweils ihre Qualität verantwortlich fühlen, dann müssen Rückmeldungen über Abweichungen vom Standard auch an sie weitergemeldet werden. Wie in einem kybernetischen Kreislauf kann der Einzelne sein Qualitätsmanagement auch nur steuern, wenn er solche Rückmeldungen kontinuierlich erhält. Feed-backs erhalten in einem solchen Kontext den Charakter von etwas Normalem und Alltäglichem, sie werden entdramatisiert. Und je mehr Feed-backs so zum Normalfall werden, desto weniger angstbesetzt werden sie erlebt. Insofern ist die Vertrauenskultur gerade auch dadurch gekennzeichnet, dass mehr „auf den Tisch kommt", über das man aber auch dann fair und weniger angstbesetzt reden kann. Denn eine Feed-back- und Vertrauenskultur ist letztlich durch die Gewissheit gekennzeichnet, dass man – trotz aller Null-Fehler-Strategien – nicht *nicht* Fehler machen kann. Wer möchte, dass die Mitarbeiterinnen und Mitarbeiter seines Unternehmens sich an der Entwicklung und Qualitätssicherung verantwortlich beteiligen und nicht nur in eng definierten Stellenbeschreibungen „funktionieren", muss letztlich den Slogan ausgeben: „Fehler sind erlaubt".

Bauen Sie eine Feed-back-Kultur auf, in der Fehler erlaubt sind.

Es ist die Aufgabe von Führungskräften, eine solche Feed-back-Kultur auch dadurch zu fördern, dass sie nicht nur Feed-backs geben, sondern diese auch entgegennehmen. Nur wer bereit ist, sich als Führungskraft kontinuierlich „von außen ansehen zu lassen", kann letztlich auch glaubwürdig dafür eintreten, dass sich Feed-back- und Qualitätsorientierung zu grundlegenden Merkmalen der Kooperation entwickeln.

Eine Bemerkung am Rande: Das Konzept der stellvertretenden Führung basiert unübersehbar auf einem optimistischen Menschenbild, welches davon ausgeht, dass Menschen prinzipiell lieber selbstgesteuert leben als in vorgegebenen Bahnen „funktionieren". Stellt dieses Menschenbild nicht eine Idealisierung dar? Diese Frage ist schwer zu beantworten, da uns Mitarbeiterinnen und Mitarbeiter nicht als „Tabula rasa" begegnen. Sie kommen aus schulischen und betrieblichen Lernprozessen, haben in diesen aber Nützliches und Unnützes gleichermaßen gelernt. Unnütz ist sicherlich vieles von dem, was man in der fremdgesteuerten Schülerrolle lernt, aber auch in betrieblichen Unterordnungsverhältnissen lernen noch viel zu viele Menschen, dass es auf sie selbst, auf ihre Ideen und Vorstellungen nicht oder nur am Rande ankommt. Dies bedeutet, dass in den schulischen und betrieblichen Lernkulturen (vgl. Arnold/Schüßler 1998) noch in zu starkem Maße genau das verlernt bzw. „abtrainiert" wird, was man heute in zunehmendem Maße an den Arbeitsplätzen benötigt, nämlich die Fähigkeiten zur Selbststeuerung sowie das Bewusstsein der Selbstwirksamkeit („Es kommt auf mich an!", „Ich kann etwas beitragen!", „Es geht auch um meine Fragen!").

Eine andere Ausdrucksform der vorherrschenden Sozialisation in Unterordnungsstrukturen ist das „Phänomen der kleinen Chefs". Aufgrund der erlebten Rollenmuster können Mitarbeiterinnen und Mitarbeiter bisweilen nicht mit den Selbststeuerungs- und Selbstführungsräumen, die ihnen die Kultur der stellvertretenden Führung einräumt, umgehen und nutzen diese, um selbst die Rolle einer vorgesetzten Führungskraft zu spielen. Dies kann durchaus zu ernsthaften Konflikten führen, was vor allem dann der Fall ist, wenn es sich um eine Kraft handelt, die ansonsten äußerst tüchtig ist. Hier die richtige Reaktion zu finden, ist nicht ganz einfach. Die nahe liegende Reaktion, dass die Führungskraft nun ihrerseits in die alten Muster zurückfällt, um dann doch mal zu zeigen, „wo der Hammer hängt" – so eine bisweilen gebrauchte Formulierung – ist sicherlich der falsche Weg zum Aufbau einer Selbstführungs- und Vertrauenskultur. Es geht letztlich nur über ein Vier-Augen-Gespräch und die offene Erklärung der eigenen Schwierigkeiten, die man selbst mit dem Verhalten des anderen hat. Ein solches erklärendklarstellendes Gespräch darf nicht über Etikettierungen und Anklage erfolgen, es sollte vielmehr darum bemüht sein, die eigene Sicht der Dinge darzustellen, was – wenn es nüchtern und verständniswerbend geschieht – oftmals auch Überraschung und Betroffenheit beim Gegenüber auslösen kann. Dass bei einem solchen Gespräch stärker mit Ich-Botschaften („Ich fühle mich dabei ...") als mit anklagenden Du-Botschaften („Du weißt wohl nicht ...") gearbeitet wird, ist mittlerweile ein Gemeinplatz zahlreicher Führungslehren.

Potentialorientierung

Was bedeutet Potentialorientierung im Einzelnen? Verschiedentlich wurde in der Vergangenheit darauf verwiesen, dass die Kompetenzen und Qualifikationen der Mitarbeiter Potentiale für die Unternehmensentwicklung darstellen. Sie sind gewissermaßen die Voraussetzungen für den technischen Wandel, d.h. für das, was technisch überhaupt als möglich erkannt und gestaltet werden kann. Eine systematische „Potentialanalyse" (Jeserich 1989, S. 19) muss deshalb darum bemüht sein, die in dem Mitarbeiterstamm vorhandenen Entwicklungspotentiale zu erkennen und zu fördern. Die Personalentwicklung erhält dabei eine „Initiativrolle im technischen Wandel", die Erich Staudt mit folgenden Worten beschreibt:

„Da die Kompetenz zur Technikbeherrschung Voraussetzung für einen sinnvollen technischen Wandel ist, muss das hierzu erforderliche Personal- und Know-how-Potential innerbetrieblich zur Verfügung stehen bzw. entsprechende Qualifikationen im Rahmen der Personalentwicklung vorgesehen werden, d.h. aber die Personalentwicklung muss in Vorlauf zur technischen Planung kommen und die Initiativrolle bei Organisations- und Unternehmensentwicklung übernehmen" (Staudt 1996, S.35).

Diese Initiativrolle muss zunehmend von den Führungskräften selbst wahrgenommen werden. Eine weitere wesentliche Säule des Konzeptes der stellvertretenden Führung ist deshalb auch die Zuständigkeit der Führungskräfte für die Nutzung und Förderung des Potentials ihrer Teams. In der modernen Personalentwicklung hat sich nämlich die Zuständigkeit für die Personalentwicklung zunehmend in die Abteilungen hinein verlagert.

Während früher eine zentrale Abteilung für die Personalarbeit im Unternehmen zuständig war und eine andere für die Weiterbildung der Mitarbeiter, sind beide Funktionen in den letzten Jahren zunehmend miteinander verschmolzen. Heute sind die Führungskräfte für beides zuständig, sowohl für die Entwicklung ihres Personals als auch für dessen kontinuierliche Weiterbildung. Mit dieser Vor-Ort-Verantwortung für die Personalentwicklung versuchten die Unternehmen eine größere Praxisnähe in die Kompetenzentwicklungsmaßnahmen zu bringen, kann man doch davon ausgehen, dass die Abteilungen selbst genauer wissen, welche Maßnahmen ihren Mitarbeitern nutzen und welche nicht. Während man früher Mitarbeiter aus den Abteilungen zur Teilnahme an Tagungen und Seminaren entsandt hat, von denen im Rückblick keiner so recht zu sagen vermochte, was ihr Nutzen gewesen ist, geht man heute anders vor. Die stellvertretende Führung lässt im Team klären, welche Probleme kurz-, mittel- und langfristig gelöst werden müssen und welche Kompetenzen dafür von strategischer Bedeutung sind. Darüber hinaus gibt eine solche dialogische Bildungsbedarfsanalyse dem Einzelnen auch die Möglichkeit, seine eigenen Qualifizierungswünsche mit ins Gespräch zu bringen. Indem die Frage der Kompetenzentwicklung so zu einem gemeinsamen Thema wird, ist auch – besser als in der Vergangenheit – gewährleistet, dass das Gelernte später auch am Arbeitsplatz angewandt werden kann. Da alle Beteiligten wissen, weshalb eine bestimmte Kompetenzentwicklung im Team realisiert worden ist (z.B. durch Entsendung eines Mitarbeiters zu einer Fortbildung), ist ihnen zumindest auch bewusst, dass dieser Mitarbeiter hernach auch diese Kenntnisse anwenden können muss und nicht alles so bleiben kann wie bisher. Es

Potentialförderung stützt sich auf eine dialogische Bildungsbedarfsanalyse.

ist deshalb wahrscheinlicher, dass durch die dialogische Bildungsbedarfsanalyse (die Besprechung der Bildungsbedarfe im und mit dem Team) bessere Voraussetzungen für den Transfer bzw. die Übertragung des Gelernten in die Praxis gegeben sind.

In einer stärker systematischen Betrachtung kann man davon ausgehen, dass Bildungsbedarf nicht etwas offen zu Tage tretendes ist, sondern im Dialog mit den Teammitgliedern konstruiert wird. Indem sich die stellvertretende Führung auf einen solchen Kompetenzentwicklungsdialog einlässt, ist sie auch in der Lage, nicht nur aktuell feststellbare Kompetenzdefizite zu analysieren, sondern darüber hinaus auch zukunftsbezogene und potentialorientierte Fragen zu erörtern („Welche Mitarbeiterpotentiale wollen wir mittelfristig fördern?"). Gleichzeitig haben die an einem solchen Kompetenzentwicklungsdialog Beteiligten Gelegenheit, in einer umfassenden Weise über ihre Aufgabenbereiche nachzudenken und entsprechende qualifikationsbezogene Schlussfolgerungen zu ziehen. Zwar ist ein solcher Kompetenzentwicklungsdialog nicht darauf ausgerichtet, Defizite im Qualifikationsprofil der Mitarbeiterinnen und Mitarbeiter zu ermitteln, doch achtet die Führungskraft auch darauf, dass Stillstand und Saturierung vermieden werden und sich alle – auch die, die in ihrem Job wirklich gut funktionieren – lebenslang weiterbilden. Dazu kann es auch im Sinne einer langfristig wirksamen Personalentwicklung notwendig sein, Menschen dann mit einer neuen Aufgabe zu betrauen, wenn sie die alte nahezu perfekt beherrschen und die Aufgabenbewältigung weitgehend routiniert haben.

Es ist die Aufgabe stellvertretender Führung hier einzugreifen und mit den betreffenden Mitarbeiterinnen und Mitarbeitern über neue Einsatzmöglichkeiten gemeinsam nachzudenken. Es gibt nämlich für ein lernendes Unternehmen zwei gleichermaßen „tödliche" Gefahren: Die eine liegt in dem Risiko, notwendige Qualifikationen nicht rechtzeitig bereitstellen zu können, die andere liegt in der Kompetenzsaturierung. Diese ist dann gegeben, wenn Menschen in ihrer Aufgabe so gut zu Hause sind, dass sie aufgehört haben, sich um weitere Optimierung zu bemühen und auch gegenüber den sich vollziehenden Wandlungen in ihrem Bereich weitgehend blind oder borniert geworden sind (Motto: „Machen wir schon immer so"). Stellvertretende Führung im lernenden Unternehmen muss solche potentiellen Stillstandsgefahren rechtzeitig erkennen und im Sinne eines Frühwarnsystems die notwendigen Irritationen, Umsetzungen bzw. Umqualifizierungen einleiten. Insofern kann ein erstes Wesensmerkmal lernender Organisationen gerade darin gesehen werden, dass diese sich mit Erreichtem nicht zufrieden geben und keinerlei Formen des „Ausgelernthabens" dulden. Im Unterschied zu traditionellen Führungsformen gibt sich die stellvertretende Führung keineswegs damit zufrieden, „dass alles läuft, wie geschmiert". Gerade ein solcher geschmierter Zustand ist für sie vielmehr Anlass über Möglichkeiten der Irritation und des gezielten Wandels von ausgependelten Zuständen nachzudenken. Stellvertretende Führung ist somit eine stillstandsvermindernde Form der Steuerung und Kooperation.

> **Eine Gefahr ist die Kompetenzsaturierung.**

Wie realisiere ich den Anspruch der stellvertretenden Führung, deren Leitprinzipien die Ermöglichungs- und Potentialorientierung sind?

- Ziele klären!

- Ziele visualisieren!

- Feed-back-Kultur pflegen und sichtbar leben!

- Mitarbeiterpotentiale erkennen und fördern!

- Stillstandsgefahren erkennen (Frühwarnorientierung)!

Autopoiesis –

Systemisches Denken beim Umgang mit Komplexität

Autopoiesis –

Systemisches Denken beim Umgang mit Komplexität

Der Begriff „Autopoiesis" stammt aus dem Griechischen und bedeutet so viel wie „Selbstherstellen" oder „Selbstorganisation". In der neueren Systemtheorie ist dieser Begriff aufgegriffen worden, um mit ihm den Sachverhalt zu erfassen, dass Systeme sich weitgehend aus sich selbst heraus entwickeln. Die Systemtheorie ist ein weites Feld, weshalb sie hier nicht im Einzelnen dargestellt werden kann. Hinter dieser Bezeichnung verbergen sich zudem unterschiedlichste Ansätze und Modelle, auch gibt es klassische und neuere Systemtheorien. Gemeinsam ist all diesen Modellen aber ein verändertes Verständnis komplexer Organisationen und ihrer Entwicklung. FREDERIC VESTER schreibt hierzu:

„Eine Fabrik ist ein System. Obgleich sie ein künstliches und kein biologisches System ist, unterliegt sie den gleichen Gesetzen von Organisation, Wandelbarkeit und Stabilität. (...) Denn ein System ist immer ein Ganzes und das Ganze ist mehr als die Summe seiner Teile. Das 'Mehr' ist die Struktur, die Organisation, das Netz der Wechselwirkungen. Außerdem kennen wir zwei Sorten von Systemen: statische und dynamische. Die statischen, starren Systeme sind immer von Menschen erdachte theoretische Systeme. Dokumentationssysteme, Klassifizierungssysteme, Ordnungssysteme, mathematische Systeme usw. Die Systeme der Realität, aus denen unsere Welt besteht, sind die dynamischen.

Dynamische Systeme tragen sozusagen das Programm zu ihrer eigenen Veränderung in sich. Sie sind eine Gesamtheit verschiedener Einheiten in Wechselwirkung, ein Wirkungsgefüge. Damit bekommt ein solches System den Charakter einer lebendigen Individualität, die durch innere und äußere Kommunikation, durch einen Informationsfluss zu einer dynamischen Struktur organisiert ist" (VESTER 1996, S. 18 f.).

Indem man Organisationen bzw. Unternehmen so als lebendige Systeme begreift, ist man auch in der Lage, nach den Möglichkeiten eines systemgerechten Verhaltens zu fragen. Als systemgerecht kann dabei sicherlich nicht gelten, eine Organisation wie eine Maschine zu begreifen, die durch einfache „technische" Manipulationen (z.B. Ein- oder Ausschalten) gesteuert werden kann. Solche linear-eindimensionalen Vorstellungen sind nicht systemisch, obgleich sie immer noch anzutreffen sind und unser Verhalten – mehr als uns bewusst ist – tagtäglich prägen. Oft intervenieren wir mit den besten Absichten in komplexe Systemzusammenhänge und richten dadurch – ungewollt und unbeabsichtigt – größeren Schaden an als wenn wir alles den eigenen Kräften überlassen hätten. „Systemgerechtes Verhalten" (VESTER) kann somit definiert werden als ein Verhalten, das um die Begrenztheit des tatsächlichen eigenen Einflusses weiß und grundsätzlich in Rechnung stellt, dass die Systemkräfte selbst aus der eigenen Einwirkung doch machen, was sie wollen bzw. können. In Kenntnis dieser Zusammenhänge sprechen die Konstruktivisten auch nicht von „Intervention", sondern vielmehr von „Perturbation", was so viel bedeutet wie Störung. Dieser Begrifflichkeit liegt die Einsicht zugrunde, dass man in komplexe Systemzusammenhänge nicht wie ein Feldmarschall intervenieren kann, man kann sie nur stören bzw. anregen. Und die zentrale Frage für Führungskräfte lautet in der Tat, wie man systemgemäß stört, d.h. wie man durch sein Verhalten die Systemkräfte so in Bewegung versetzt, dass sie sich neu – und möglichst in einem adäquateren bzw. produktiveren Zustand – einpendeln können.

Systemangemessene Störung anstelle von Intervention.

DIETRICH DÖRNER befasst sich in seinem Buch „Die Logik des Misslingens" mit ungewollten Wirkungen bester Absichten. Dabei nimmt er die Entwicklungshilfe als Beispiel und demonstriert an Planspiel-Simulationen, dass man häufig etwas ganz anderes bewirkt als man eigentlich wollte:

„Man sieht, dass die Bevölkerungszahl der Tupis (der Stamm der in der im Planspiel zu entwickelnden Region lebt; R.A.) zunächst ansteigt. Das ist im Wesentlichen darauf zurückzuführen, dass das Nahrungsangebot verbessert und eine gute medizinische Versorgung etabliert wurde. Dadurch stieg die Zahl der Kinder, die der Todesfälle sank. Die Lebenserwartung wurde insgesamt erhöht. (...) Die meisten Versuchspersonen (die Dörner bei Entwicklungshilfe-Planspielen beobachtete; R.A.) (meinten), sie hätten das Problem gelöst. Das Gefühl, durch ihre Maßnahmen nur eine Zeitbombe geschärft zu haben, kam ihnen nicht. Durch die in den späteren Jahren fast notwendigerweise ausbrechenden Hungersnöte wurden sie vollkommen überrascht" (DÖRNER 1989, S. 24).

Solche Beispiele zeigen, dass isoliert Eingriffe in komplexe Systeme schwierig und risikoreich sind. Die Systemkräfte haben „ihren eigenen Kopf". Oft gelingt nur eine vorübergehende Anpassung an die Interventions-Absicht. Während man in der Zusammenarbeit mit Entwicklungsländern zumindest in Ansätzen begonnen hat, „auf die Eigenkräfte" des Systems zu hören und z.B. nur Vorhaben unterstützt, die die Partnerländer selbst vorgeschlagen und initiiert haben, ist man in der Organisationsentwicklungsarbeit von einer solchen Haltung vielfach noch weit entfernt. Hier wird bisweilen noch recht unbekümmert „gegen" die Systemkräfte gearbeitet, und man ist dann ganz bestürzt, wenn dieses Bemühen nur sehr kurzfristige Erfolge zeitigt. Die Rücksichtnahme auf die Selbstorganisationskräf-

Mit den Systemkräften arbeiten!

te des Systems „Unternehmen" oder „Abteilung" ist noch keine sehr ausgeprägte Haltung. Im Gegenteil: Als Führungskraft wird vielfach noch immer der gefeiert, der sich durchsetzen kann. Nicht die Selbstorganisation, sondern die Fremdorganisation ist das Leitprinzip vieler Führungskräfte. Statt einer hinspürend-aufnehmenden Haltung kultivieren sie vielfach noch eine Kolonisatorenhaltung, der es um Landnahme und Beherrschung geht.

Demgegenüber wäre es für ein systemgerechtes Verhalten wichtig und hilfreich, die tatsächliche Komplexität, Vernetztheit und Dynamik vorfindlicher Systeme zu erkennen und sie nicht durch vereinfachende Erklärungsmodelle zu ersetzen oder nur verkürzt – reduziert – und damit falsch abzubilden. Der Wirtschafts- und Organisationstheoretiker GILBERT J.B. PROBST schreibt:

„Anerkennung der Komplexität eines Systems bedeutet (...) Akzeptanz der Vielzahl der Teile und Beziehungen, Anerkennung und Berücksichtigung der Vielfalt und der Dynamik oder des ständigen Wandels und damit auch einer gewissen Unsicherheit. Sie bedeutet auch den Verzicht auf reduktionistische Analysen, Modellbildungen, Forschungsstrategien, oder positiv ausgedrückt, sie verlangt nach vollkommen neuen Fragen, Vorgehensweisen, Instrumenten, Modellen und Methoden" (PROBST 1987, S. 30).

Die Frage ist: Was bedeutet angesichts von Autopoiesis, Komplexität und Dynamik lebendiger Systeme „systemangemessenes Verhalten"? Wie kann man neu und in einer letztlich konstruktiv wirksamen Weise mit diesen systemischen Gegebenheiten umgehen?

Führungskräfte, Organisationsberater sowie Personal- und Weiterbildungsexperten können sich aufgrund der Vernetztheit und Eigendynamik komplexer Strukturen nicht länger nur ausgewählten Aspekten des System(eigen)lebens widmen. Ebenso ist die Ursachenanalyse, die für jedes zu behebende Problem und jede Erscheinung immer nur eine – zu behebende – Ursache identifiziert, nicht nur nicht hilfreich, sondern auch irreführend. Wichtig ist vielmehr, dass Führungskräfte sowie Personal- und Organisationsentwickler die Fähigkeit zum vernetzten Denken entwickeln. Ein solches Denken versetzt sie in die Lage, nicht länger nur einzelne Systemelemente zu identifizieren, sondern auf die verbindenden Muster, die Wirkungszusammenhänge und Kraftfelder, zu achten. Wesentlich sind nämlich nicht die Elemente eines Systems, sondern die Wechselwirkungen zwischen diesen Elementen. Und nachhaltige Systementwicklung geschieht letztlich nicht durch die Manipulation einzelner Variablen, sondern durch die Störung ganzer Variablengruppen.

Systemangemessenes Verhalten setzt ein ganzheitlich-vernetztes Denken voraus. Dieses Denken ist ein integrierendes, zusammenfügendes Denken, „(...) das auf einem breiteren Horizont beruht, von größeren Zusammenhängen ausgeht (und) viele Einflußfaktoren berücksichtigt. (...) Es ist ein umfassendes, generalistisch orientiertes Denken" (PROBST/GOMEZ 1991, S. 5), das auch der Verwobenheit eines Systems mit anderen Systemen Rechnung trägt: „Es ist wie beim Verwenden des Zoom-Objektives: Der Bildausschnitt, auf den wir das Objekt momentan einstellen, ist unser System; wovon dieses Bild ein Teil ist, sehen wir erst, wenn wir einen größeren Ausschnitt wählen" (ULRICH/PROBST 1988, S. 33).

> **Systemangemessenes Verhalten setzt ein ganzheitlich-vernetztes Denken voraus.**

Ein solches ganzheitlich-vernetztes Denken hilft einem letztlich auch, die typischen Strategiefehler im Umgang mit Komplexität und Autopoiesis zu vermeiden und ein Gestaltbewusstsein zu entwickeln, das nicht auf Detaillierung, sondern auf Mustererkennung ausgerichtet ist.

Diese typischen Strategiefehler im Umgang mit systemischer Komplexität und Autopoiesis sind uns allen mehr oder weniger vertraut. So fehlt in der Tat vielem, was wir tagtäglich tun, die „größere

Typische Strategiefehler im Umgang mit Komplexität und Autopoiesis
1. Mangelhafte Zielerkennung „Das System wird abgetastet, bis ein Missstand gefunden wird. Dieser wird beseitigt, dann der nächste Missstand gesucht (Reparaturdienstverhalten). Wie bei einem Anfänger im Schachspiel geschieht die Planung ohne größere Linie".
2. Ausschnittsbetrachtung „Man beschränkt sich auf Ausschnitte der Gesamtsituation. Große Datenmengen werden gesammelt, die zwar enorme Listen ergeben, jedoch kaum Beziehungen aufzeigen. Dadurch sind sie in keine Ordnung zu bringen, und die Dynamik des Systems bleibt unerkannt."
3. Einseitige Schwerpunktbildung „Man versteift sich auf einen Schwerpunkt, der richtig erkannt wurde. Hierdurch bleiben jedoch gravierende Konsequenzen in anderen Bereichen unbeachtet."
4. Unbeachtete Nebenwirkungen „In eindimensionalem Denken befangen, geht man bei der Suche nach geeigneten Maßnahmen zur Systemverbesserung sehr 'zielstrebig', d.h. gradlinig und ohne Verzweigungen vor. Nebenwirkungen werden nicht analysiert".
5. Tendenz zur Übersteuerung „Häufig wird zunächst sehr zögernd vorgegangen. Wenn sich dann im System nichts tut, greift man kräftig ein, um bei der ersten unbeabsichtigten Rückwirkung wieder komplett zu bremsen".
6. Tendenz zu autoritärem Verhalten „Die Macht, das System verändern zu dürfen, und der Glaube, es durchschaut zu haben, führt zum Diktatorverhalten, dass jedoch für komplexe Systeme völlig ungeeignet ist. Für diese ist ein 'anschmiegsames Verhalten', welches mit dem Strom schwimmend verändert, am wirkungsvollsten".

Abb. 2: Typische Strategiefehler (nach: VESTER 1988, S. 25)

Linie". Dies wird insbesondere beim Wechsel von Führungskräften deutlich. Neu auf eine Position berufen, glauben die meisten, sie müssten nun durch einen eigenen Stil überzeugen. Was dann beginnt, ist oftmals ein „In-den-Blick-Nehmen" von Missständen, die die Vorgänger bislang eher übersehen hatten. Durch diese Akzentuierung wird oft die ganze Aufmerksamkeit gebündelt, und andere wichtige Systemprobleme geraten dabei aus dem Blick. Ähnlich ist dies auch mit der Ausschnittsbetrachtung und der einseitigen Schwerpunktbildung. Auch hier haftet der Systembetrachtung etwas Willkürliches an. Man identifiziert einen bestimmten Problembereich und entwickelt Kennziffern, um die Qualität zu erfassen, doch bleiben die eigentlichen systemischen Voraussetzungen qualitativer Kooperation dabei zumeist außen vor. So erzeugen sich zahlreiche Führungskräfte mit der Zeit ein virtuelles Bild von der Unternehmensrealität. Diese ist für sie stimmig, wenn ihre Daten „stimmig" sind.

Der wohl verbreitetste Strategiefehler im Umgang mit Komplexität und systemischer Autopoiesis ist der der so genannten unbeachteten Nebenfolgen, auf die schon im Zusammenhang mit den Dörnerschen Planspielen zur „Logik des Misslingens" hingewiesen wurde. Diesem Aspekt der „unbeachteten" und „ungewollten Nebenwirkungen" liegt letztlich der Sachverhalt zugrunde, dass man als Führungskraft die Wirkungen seiner Interventionen grundsätzlich nicht auf den gewünschten Effekt begrenzen kann. Und auch jede erreichte Problemlösung ist mehr als eine Lösung, sie ist vielmehr auch Ursache für systemische Störungen und neue Prozesse des sich Einpendelns und Einschwingens. Aus diesem Grunde gibt PROBST den Führungskräften den Rat: „Haltet Prozesse in Gang – es gibt keine endgültigen Lösungen" (PROBST 1987, S. 114), womit er aber auch gleichzeitig nachdrücklich darauf verweist, dass ein Denken in endgültigen Lösungen unsystemisch und damit unrealistisch ist.

Unbeabsichtigte Nebenfolgen sind unvermeidbar. Die Unvermeidbarkeit unbeabsichtigter Nebenfolgen bedeutet aber auch, dass Problemlösungen nicht durch entschiedenes Handeln „gemacht" i.S. von gewährleistet oder erzwungen werden können. Vielmehr zeigen „(...) die zu verändernden Verhältnisse Eigenaktivität und widersetzen sich der Steuerung" (GOMEZ/PROBST 1987; zit. nach WOLLNIK 1994, S. 138). Sind Führungskräfte mit solchem Systemwiderstand konfrontiert, dann reagieren die meisten so, dass sie die

Anstrengungen und den Druck erhöhen. Statt „zurückzuschalten" und eine Phase der Nachdenklichkeit einzuschieben, um nach den „guten Gründen" dieses Systemwiderstandes zu forschen, wird vielmehr versucht, mit einem „Mehr-desselben" (WATZLAWICK) die Gegenkräfte zu „brechen". Da dies zumeist nicht oder nicht wirklich gelingt, geht dies bei manchen Führungskräften mit einer eskalierenden Autorität einher, weil sie meinen, ihre Erfolglosigkeit sei letztlich nur darauf zurückzuführen, dass sie eben noch nicht entschieden genug „durchgegriffen" haben. Hier leitet ganz offensichtlich eine falsche Vorstellung vom Funktionieren sozialer Systeme („Maschinenmodell") zu einem falschen Handeln an, das umso falscher wird, je verbissener auf dem eingeschlagenen Weg insistiert wird.

Bei diesen verzweifelten und vielfach auch lächerlichen Bemühungen wird gegen einen der Probst´schen Leitgrundsätze des systemischen Managements verstoßen, nämlich gegen den Grundsatz „Behandle das System mit Respekt!" (PROBST 1987, S. 114). Und auch die anderen Grundsätze von G.J.B. PROBST verdeutlichen, dass es einem systemischen Management nicht um das Selbstlösen von Problemen geht. Vielmehr wird versucht, sich gewissermaßen mit dem System zu verbünden und dessen Eigenkräfte „im Dienst der eigenen Sache" zu nutzen. Systemisches Management kann für ein solches strategisches Bündnis nur intelligente Vorkehrungen treffen, indem es folgende Maximen berücksichtigt:

- ▦ Lerne mit Mehrdeutigkeiten, Unbestimmtheit und Unsicherheit umzugehen!
- ▦ Erhalte und schaffe Möglichkeiten!
- ▦ Erhöhe Autonomie und Integration!
- ▦ Nutze und fördere das Potential des Systems!
- ▦ Beachte die Ebenen und Dimensionen der Gestaltung und Lenkung!
- ▦ Erhalte und fördere Flexibilität und Eigenschaften der Anpassung und Evolution!

Abb. 3: Maximen des systemischen Managements (nach: PROBST 1987, S. 114)

Diese Leitmaximen zielen darauf ab, dass man grundsätzlich in Rechnung stellen muss, dass Systeme ihrer eigenen internen Entwicklungslogik folgen, d.h. letztlich auch ein Stück weit unberechenbar sind. Für das Management und die Führung in solchen selbstorganisierten Systemen ist deshalb auch eine andere „Gestaltungs- und Lenkungsphilosophie" erforderlich, die dem Motto folgt: „Es wird nicht auf das System eingewirkt, sondern mit dem System gearbeitet" (PROBST/GOMEZ 1991, S. 5). FREDERIC VESTER spricht in diesem Zusammenhang von dem „Jiu-Jitsu-Prinzip", dem die Absicht zugrunde liegt, die Selbstorganisationskräfte des Systems nicht mit Gegenkräften in eine bestimmte Richtung zu zwingen, sondern vielmehr die Systemkräfte selbst für sich zu nutzen" (VESTER 1988, S. 82).

Systemunangemessenes Verhalten löst Systemabwehr aus.

War ein interventionistisches Führungskonzept schon immer wenig systemangemessen, so tritt dessen Unwirksamkeit heute immer deutlicher zutage. Insbesondere haben veränderte Werthaltungen der Mitarbeiterinnen und Mitarbeiter, die glücklicherweise nicht mehr nur „gehorchen" wollen, sondern „akzeptieren" können wollen, dazu geführt, dass systemunangemessenes Verhalten immer häufiger eine mehr oder weniger deutliche Systemabwehr auslöst. Der Begriff der Systemabwehr stammt von PETER HEINTL und EWALD E. KRAINZ. Mit diesem Begriff bezeichnen beide die eingespielten, häufig latenten, aber insgesamt wirkungsvollen Kräfte, mit denen Organisationen sich gegen Neuerungen sperren. Solche Widerstände zeigen, „(...) wie sehr sich Abläufe in Organisationen in einem Selbstlauf 'einschleifen', so dass es für Steuerungsbemühungen oft unmöglich ist, diese Selbstläufe zu unterbrechen. Ja mehr noch – die Steuerungsbemühungen sind selbst Bestandteil der Selbstläufe und gefangen in der Eigendynamik organisatorischer Apparaturen" (HEINTL/KRAINZ 1994, S. 164). Verbreitete Mechanismen dieser Systemabwehr sind die „Verleugnung" i.S. einer verzerrten Wahrnehmung, die „Suche nach Schuldigen", die „Alles-ist-Schicksal"-Position, „blinder und unwirksamer Aktionismus" sowie zahlreiche Formen der „Selbstverkomplizierung" (um z.B. das eigene Kausalitätsbedürfnis zu befriedigen). Mit diesen Abwehr-Mechanismen „lügen" sich die Handelnden „selbst in die Tasche", sie legen sich die Dinge „verharmlosend scheinklar" (ebd., S. 187) zurecht. Fragt man nach den Möglichkeiten und Chancen für eine Überwindung solcher Systemabwehr, so kommt man ohne Selbstreflexion der Beteiligten nicht aus. Diese müssen erkennen, wie sie sich selbst betrügen, um sich zu beruhigen und um letztlich weiter machen zu können wie bisher. Selbstreflexion ist auch deshalb notwendig, weil „erst eine reflektierende Bearbeitung der Systemabwehr die Qualität der Abwehrformen (erschließt)" (ebd., S. 189). Hierbei wächst den Führungskräften und Managern die zunehmend wichtigere Aufgabe zu, „Reflexion zu installieren" (ebd., S. 190), d.h. gezielt Möglichkeiten und Anlässe für strategisches Nachdenken, Hinterfragen und Kommunizieren zu schaffen. So zeigt sich ein lernendes Unternehmen letztlich auch darin, ob die in ihm Handelnden auch kontinuierlich über ihre eigene Systemabwehr nachdenken.

Der so genannte St. Gallener Management-Ansatz, der von Wissenschaftlern der dortigen Universität entwickelt wurde, beinhaltet ein Modell systemgerechten Verhaltens. Ausgegangen wird dabei davon, dass die bisherigen Wahrnehmungs-, Denk- und Handlungsweisen von Führungskräften für komplexe Problemzusammenhänge unangemessen seien. Man könne nicht so tun, als seien organisatorische Systeme „triviale Maschinen", die durch einfache Ursache-Wirkungsannahmen gesteuert werden könnten. Unternehmen seien vielmehr sozial und technisch vernetzte Systeme. Als solche seien sie allenfalls „(...) komplexe 'Maschinen', die auch durch noch so großartig konzipierte Einzelhandlungen nicht gestaltet und gelenkt werden können" (PROBST 1987, S. 13). Die interne Komplexität wird ergänzt und überwölbt von einem fundamentalen Wandel der unternehmerischen Organisationsumwelten, der die Unternehmen dazu zwingt, in anderen als nur technischen oder linear-kausalen Kategorien zu denken. Insgesamt löst sich der St. Gallener Management-Ansatz von mechanistischen und technokratischen Vorstellungen bezüglich der Entwicklung und Gestaltung von Organisationen. In diesem Sinne stellt KURT BLEICHER fest:

„Zunehmende Komplexität und Dynamik haben unsere bisherigen Ansätze zur systemischen Gestaltung von Unternehmungen an Grenzen herangeführt, die uns veranlassen sollten, nach neuen Denkansätzen zu suchen. Sie sollten wegführen von technokratischen Vorstellungen des 'Konstruierens' und Ölens einer perfekt gestalteten Unternehmensmaschinerie und hinführen zum Verständnis des selbstorganisatorischen Entwickelns einer sozialen Gemeinschaft als Folge humaner Interaktion, welche der Rahmengestaltung und Pflege bedarf. Unternehmensführung verlagert sich damit im Schwergewicht des Bemühens vom Ökonomisch-Technischen zum Ökonomisch-Sozial-Humanen. Damit gewinnen die Humanressourcen als

langfristig zu schaffendes und weiterzuentwickelndes Erfolgspotential ei-
nen zentralen Stellenwert für die Überlebens- und Entwicklungsfähigkeit
einer Unternehmung" (BLEICHER 1996, S. 44).

Diese Überlegungen verdeutlichen, dass die verantwortliche Führung und Gestaltung komplexer und selbstorganisiert funktionie-
render Systeme in zunehmendem Maße auch auf die Ergebnisse
und Erklärungsansätze der Sozialwissenschaften angewiesen sind.
Soziale Systeme funktionieren nämlich nicht allein nach technisch-
ökonomischen, sondern auch nach sozialen Mechanismen. Dabei
haben schon frühe industriesoziologische Untersuchungen nachdrücklich vor Augen geführt, dass eine „(...) effiziente Organisation
und Führung ohne Beachtung der sogenannten sozialen Dimension bzw. informeller Phänomene nicht zu erzielen sind" (STAEHLE
1989, S. 33). Sozialwissenschaftliches Know-how und ein reflektier-
tes Verständnis menschlicher Bedürfnisse und menschlichem Kom-
munikationsverhaltens sind in jedem Falle hilfreich und nützlich,
wenn man als Führungskraft erfolgreich sein möchte. Die traditionelle Sicht, dass die Sozialwissenschaften nützliche Hilfswissenschaf-
ten für „das Geschäft" seien, während die eigentlich wesentlichen
Gesichtspunkte durch die Wirtschaftswissenschaften und die technischen Disziplinen konstituiert würden, muss auch deshalb verändert werden, weil menschliches Verhalten nur als Ausdruck von
Deutungen und Interpretationen verstanden werden kann, wie noch
zu zeigen sein wird (vgl. Kapitel 4). Menschen handeln auf der
Grundlage dessen, was sie für wahr und richtig halten. Und auch
Unternehmen sind durch Geschichten, Traditionen und überliefer-
te „Spielregeln" geprägt, die man übersieht, wenn man nur ihre
Maschinenparks, Bilanzen und ihre Organigramme betrachtet.

Das Systemische kommt im Sozialen zum Ausdruck.

Das Systemische kommt somit im Sozialen zum Ausdruck. Systeme selbst werden
bereits in der Interaktion, d.h. im Gespräch und im Austausch, konstituiert.
Und auch die Bedeutung, die einem Problem im betrieblichen Rahmen zukommt, hängt entscheidend davon ab, wie es die Beteiligten
wahrnehmen, beschreiben, gewichten und kommentieren. Die Selbstorganisationskräfte, die Systeme und Organisationen bewegen, treten oft in solchen informellen Dimensionen zutage. Systeme reagieren nicht jedes Mal neu und nach gründlicher Prüfung auf anste-
hende Problemlagen, sie werden in ihren typischen Reaktionswei-

sen vielmehr durch ihre bisherigen Erfahrungen geprägt. Man definiert und löst ein Problem zunächst genauso oder so ähnlich, wie man früher in verwandten Situationen gehandelt hat. Die gewachsenen und im System anerkannten sowie ausgehandelten Interpretationen („Lesarten") bestimmen somit ganz wesentlich die Eigendynamik und das Eigenleben von Unternehmen, Organisationen und ähnlichen systemischen Kontexten. Diese schreiben ihre Geschichte fort, und man kann – auch und gerade als Führungskraft – diese Unternehmen nur entwickeln, wenn man ihre Geschichte kennt. Und da diese Geschichte nicht offen und für jedermann ersichtlich zutage liegt, müssen Führungskräfte über Wahrnehmungs-, Verstehens- und Interpretationsfähigkeiten verfügen, wie sie die Sozialwissenschaften bereithalten. Nur wer über sozialwissenschaftliche Verstehensmodelle Bescheid weiß und wem bekannt ist, dass Menschen nicht nur (oder oft noch nicht einmal in erster Linie) auf äußere Anregungen reagieren, sondern überlieferten Lesarten und eigenen Konstruktionen verpflichtet sind, kann sich in der betrieblichen Stammeswelt zurechtfinden.

Diese Bezeichnung mag überraschen, hat ein modernes Unternehmen augenscheinlich doch recht wenig mit den Ritualen, Mythen und Traditionen eines Volksstammes gemeinsam. Dies ist jedoch nur auf den ersten Blick so. Eine genauere Betrachtung zeigt uns rasch die Parallelen, und wir erkennen, dass auch die Mitarbeiterinnen und Mitarbeiter eines Unternehmens Traditionen verpflichtet sind, sich an ritualisierten Inszenierungen beteiligen und auch durch Mythen (z.B. Gründerstorys) geleitet werden, wenn dies auch alles sie nicht in einer ähnlichen Totalität prägt und leitet, wie dies bei Stammesgemeinschaften der Fall ist. Gleichwohl sind die Integrations- und Kulturmuster durchaus ähnlich: Beide kennen Formen der Initiation, d.h. der Aufnahme neuer Mitglieder, beide haben oft ein typisches Procedere für die Lösung von Konflikten, und beide sind darum bemüht, ihre Identität nach außen zu demonstrieren und für andere unterscheidbar zu bleiben.

Diese Überlegungen machen deutlich, dass der Umgang mit Komplexität und Selbstorganisation gelernt sein will. Rezepte und standardisierte Handlungsempfehlungen helfen dabei nicht wesentlich weiter. Es kommt vielmehr darauf an, die Dinge von einer zweiten Wirklichkeitsebene her zu betrachten und zu analysieren. Führungskräfte müssen sich von ihrem „konkretistischen" Blick lösen, d.h.

von dem Bild, dass alles so ist, wie es sich ihnen darstellt. Sie müssen sich stattdessen darum bemühen, systematisch die Sichtweisen der anderen Systemmitglieder zu eruieren und bei ihrem Handeln in Rechnung zu stellen. Für eine solche Verhaltensweise hilft sozialwissenschaftliches Denken, geht dieses doch davon aus, dass Menschen auf der Grundlage eigener Sinnzuschreibungen handeln, weshalb das Soziale nur erklärt werden kann, wenn es gelingt, diese unterschiedlichen Sinnzuschreibungen zu rekonstruieren. Führungskräfte stehen vor einer durchaus ähnlichen Situation. Sie müssen mit einem quasi-sozialwissenschaftlichen Forschungsblick die in ihrem Bereich anzutreffenden unterschiedlichen Standpunkte und Einschätzungen erkunden sowie diese verstehen können. GOMEZ und PROBST sehen genau darin eine Konkretisierung ihrer Vorstellung vom vernetzten Denken. Vernetztes Denken setzt ihnen zufolge nämlich voraus, dass Führungskräfte „unterschiedliche Standpunkte einnehmen"

> **Führungskräfte müssen systematisch die Sichtweisen der anderen Systemmitglieder eruieren.**

(GOMEZ/PROBST 1995, S. 28 f.) können. Dies ist deshalb notwendig, weil das eigene mentale Modell häufig nur ein Standpunkt unter vielen ist. Aus diesem Grunde müssen Führungskräfte – wie gesagt: ganz ähnlich, wie Sozialforscher – nicht so sehr ihre eigene Wahrnehmung auf die Realität ausrichten (das sowieso), sie müssen vielmehr aufmerksam darum bemüht sein, die typischen Weltsichten der Systemmitglieder zu entdecken. Führungskräfte gehen somit nicht nur mit Realität erster Ordnung um, sie haben es vielmehr mit Sichtweisen der Realität (= Realität zweiter Ordnung) zu tun. Und sie können nur systemisch wirksam handeln, wenn sie beides miteinander verknüpfen können. Leicht zynisch bringt diesen Sachverhalt DIRK BAECKER in seinem Buch „Postheroisches Management" auf den Punkt, in dem er etwas überzeichnend feststellt:

„Denken zweiter Ordnung zeigt sich darin, dass Politiker sich nicht mehr um die Lösung von Problemen kümmern, sondern darum, welche Leute die Lösung welcher Probleme unter Umständen mit Wahlstimmen honorieren könnten. Investoren an der Börse interessieren sich nicht, wie sich der Wert bestimmter Aktien aufgrund der Ertragsentwicklung der ausgebenden Unternehmen entwickeln könnte, sondern welche Entwicklungen andere Investoren erwarten. Man prognostiziert nicht Entwicklungen, sondern Prognosen, und erfasst dadurch die tatsächliche Marktentwicklung.

Man erwartet nicht, was geschehen könnte, sondern man versucht, seine Erwartungen daran zu orientieren, was andere erwarten könnten. (...) Nicht was Leute tun, ist ausschlaggebend, sondern wie andere beobachten, was sie tun" (BAECKER 1994, S. 82).

Gleichwohl können sich aus der Aufforderung zu sozialwissenschaftlicher Kompetenz und zum Umgang mit Wissen zweiter Ordnung doch auch recht konkrete Hinweise für den gestalterischen Umgang mit Komplexität und Autopoiesis ableiten lassen. Für die Grundlinien einer entsprechenden systemischen Führungslehre ist der Dreischritt Reflexion – Analyse – Handeln grundlegend:

- *Reflexion:* Hier muss es zunächst darum gehen, dass Führungskräfte sich zur Situationsspezifik bekennen und sich von Rezepten und Rezeptologien verabschieden. Dabei kommt es darauf an, zu erkennen, dass Rezepte der Einmaligkeit sozialer Situationen nicht wirklich Rechnung zu tragen vermögen. Ein weiterer wesentlicher Aspekt ist die selbstreflexive Einsicht, dass einen die eigenen mentalen Modelle und gewohnheitsmäßigen Sichtweisen auch „blind" machen können. Deshalb sollten sich Führungskräfte auch bisweilen in Supervisions- oder Beratungskontakten „von außen anschauen" lassen, um blinde Flecken u.ä. in ihren gewohnheitsmäßigen Sicht- und Handlungsweisen zu erkennen.

- *Analyse:* In diesem Schritt geht es um die Einübung des sozialwissenschaftlichen Blicks „vom anderen her". Da Führungskräfte wie keine andere Gruppe darauf angewiesen sind, ihren Bereich in seiner ganzen Vielfalt der Standpunkte und Sichtweisen wahrzunehmen, um das eigene Handeln darauf abstimmen zu können, ist es notwendig, dass sie lernen, „das System sprechen zu lassen". Sie müssen hellhörig werden (und bleiben!) für die Vielfalt der unterschiedlichen Aspekte, Kraftfelder und Lesarten im Systemkontext. Und hierzu gehört auch die schon skizzierte Selbstführungsorientierung: Sie müssen auch lernen, eigene Entschlossenheiten zu zügeln und immer zunächst nach dem Problemlösungspotential der Systemkräfte zu fragen.

- *Handeln:* Der letzte der drei Schritte ist auf die Gestaltung der Systementwicklung bezogen. Hier geht es im Kern darum, respektvoll mit den Systemkräften umgehen zu lernen. Das Einräumen von „Selbstführungsmöglichkeiten" sowie das kontinuierliche Bemühen um Transparenz und Konsens sind dabei ebenso wichtig, wie die gezielte Entwicklung der Beziehungs- und Akzeptanzebene. Eine Führungskraft, die von ihren Mitarbeiterinnen und Mitarbeitern nicht akzeptiert, sondern vielleicht sogar weitgehend abgelehnt wird, kann nämlich auch kaum noch wirklich etwas bewegen.

Rezepte zur Vermeidung von Rezepten bei der Umsetzung systemischer Führung[1]
Wie trage ich der Autopoiesis (Selbstorganisation) der Systeme Rechnung? Als Leitfaden für das eigene Handeln kann ein Dreiebenen-Modell mit neun „To do´s" dienen:
A: Reflektiere mentale Modelle (= REFLEXION) (1) Rezepte reduzieren Komplexität zu Lasten der Einmaligkeit und Spezifik von Situationen. Habe Mut zur Situationsspezifik! (2) Mentale Modelle sind Brillen mit Scheuklappen (Fehler des Egozentrismus) (3) Rezepte sind geronnene mentale Modelle (4) Suche Supervisions-, Coaching- und Beratungschancen
B: Rekonstruiere die Systemik (= ANALYSE) (5) Erzeuge systematisch eine Vielfalt der Aspekte, Kraftfelder und Lesarten („Lass das System sprechen") (6) Frage immer zunächst nach dem Problemlösungspotential der Systemkräfte
C: Gestalte die Systementwicklung (= HANDELN) (7) Schaffe systematisch Möglichkeiten zur Selbstführung (8) Schaffe Transparenz und bemühe dich immer um (weitgehenden) Konsens (9) Entwickle gezielt die Beziehungs- und Akzeptanzebene

---

1 Dieser Leitfaden „„Rezepte" zur Vermeidung von Rezepten bei der Umsetzung systemischer Führung" wurde im Rahmen eines Führungskräftetrainings, welches der Verfasser 1998 bei einem großen deutschen Automobilkonzern durchführte, vorgeschlagen und mit den Teilnehmern und Teilnehmerinnen diskutiert und weiterentwickelt; er hat somit einen ersten Praxistest bereits bestanden.

Nachhaltigkeit –
Im Interesse langfristiger Wirkungen

Nachhaltigkeit –

Im Interesse langfristiger Wirkungen

Der Begriff der Nachhaltigkeit („Sustainability") entstammt der entwicklungsökonomischen Debatte. Damit wird eine Form des Wirtschaftens bezeichnet, die nicht nur kurzfristige Erfolge aufweist, sondern zu einer langfristigen Verbesserung der ökonomischen Gesamtsituation führt. Als nachhaltig (sustainable) werden Entwicklungen angesehen, die einerseits keinen Raubbau an den natürlichen Ressourcen betreiben, andererseits aber auch nicht eine Hypothek auf die Zukunft aufnehmen (z.b. durch Verschuldung von Staatshaushalten). Eine nachhaltige Entwicklung ist zudem eine Entwicklung, die die vorhandenen ökonomischen Kreisläufe sowie die gewachsenen kulturellen Traditionen und Verhaltensmuster möglichst wenig stört, sondern vielmehr an diesen anknüpfend versucht, zusätzliche Impulse zu setzen. Die bekannteste Definition von „Nachhaltigkeit" entstammt von dem Bericht der so genannten BRUNDTLAND-KOMMISSION:

„Unter nachhaltiger Entwicklung verstehen wir eine Form der Entwicklung, die den Bedürfnissen der heutigen Generationen entspricht, ohne dass sie die Möglichkeiten der künftigen Generationen gefährdet, ihre Bedürfnisse zu befriedigen. (...) Nachhaltige Entwicklung heißt, dass die Grundbedürfnisse aller befriedigt werden und dass alle die Möglichkeit erhalten, ihre Wünsche nach einem besseren Leben zu erfüllen" (in: HAUFF 1987).

Aufgegriffen wurde der Begriff der Nachhaltigkeit zunächst auch in der entwicklungspolitischen Debatte. Jahrzehntelang hatten nämlich die Länder des industrialisierten Nordens Millionen-Investitionen in den Ländern der Dritten Welt geleistet, ohne dass diese Investitionen tatsächlich in jedem Fall zu nachhaltigen, sich selbst tragenden Entwicklungen geführt hätten. So wurden z.b. mit deutschen Entwicklungshilfegeldern in zahlreichen Ländern Projekte finanziert, die der Einführung dualer Berufsbildungsformen dienen sollten, doch funktionierten diese Projekte i.d.R. nur so lange erfolgreich, wie die deutschen Mittel flossen. Sobald diese versiegten, entwickelten die jeweiligen Partnerländer diese Vorhaben nach eigenen Ideen weiter. Viele stellten die Vorhaben ein, andere verschulten die ursprünglich betrieblich-schulische Form zunehmend und wieder andere entwickelten aus den gut ausgestatteten Einrichtungen, die im Sinne der „Erfinder" ursprünglich Facharbeiter ausbilden sollten, technologische Universitäten. Die Nachhaltigkeit der dualen Berufsbildungsprojekte war somit ganz offensichtlich nicht sehr groß (vgl. STOCKMANN 1992). Aus diesem Grunde ging man verstärkt dazu über, „Systementwicklung" zu betreiben, d.h. sich um die rechtlichen Voraussetzungen, die Akzeptanz von Wirtschaft und Politik zu kümmern und noch gezielter nach den kulturellen Traditionen und den gewachsenen Formen von Beruf und Beruflichkeit in dem jeweiligen Land zu fragen. Man hatte nämlich erkannt, dass nachhaltige Entwicklung immer nur dann möglich und wahrscheinlich ist, wenn es gelingt, an gewachsenen Strukturen anzuknüpfen, eigene Modelle der Partner zu unterstützen und das zu tun, was systemgemäß ist. Zu spät hatte man vielfach bemerkt, dass die Ausbildung von Facharbeitern nach deutschen Standards zwar gut gemeint ist, doch letztlich einen Fremdkörper in Gesellschaften darstellt, die kaum über eine nennenswerte eigene Ingenieurausbildung verfügen. Was war für einige Länder deshalb nahe liegender als aus dem von außen implantierten Superstandard eine eigene Universität zu formen?

Nachhaltige Entwicklung knüpft an gewachsene Strukturen an.

Was bedeutet dieses Beispiel aus dem Bereich der internationalen Personalentwicklung? Wo haben es Führung und Personalentwicklung in Unternehmen mit Nachhaltigkeitsproblemen zu tun? Was von dem, was wir tagtäglich in unserer Führungstätigkeit und in der Personalentwicklung tun, erweist sich als wenig oder nur begrenzt nachhaltig? – Alle diese Fragen verweisen uns letztlich auf die Notwendigkeit systemangemessenen Handelns, von dem bereits im vorherigen Kapitel die Rede war. Damit Führungs- und Personalverantwortliche nicht dieselben Fehler machen, wie Experten in einem fremden Land, müssen sie die Eigenkräfte und die Eigenanstrengungen der Mitarbeiterinnen und Mitarbeiter erkennen und aufgreifen. Auch in Unternehmen sind nachhaltige Entwicklungen, die traditionsabschneidend ansetzen, Bewährtes vollständig in Frage stellen und nach den Beiträgen und Bedürfnissen der Mitarbeiterinnen und Mitarbeiter nicht fragen, nur selten erfolgreich, was gleichwohl nicht heißen soll, dass es nicht auch Situationen gibt, in denen es keinen anderen sinnvollen Weg gibt als den, radikal „alte Zöpfe abzuschneiden". Dies ist jedoch nicht der Normalfall. In der Regel gilt vielmehr, dass erfolgreiche Führungs- und Entwicklungstätigkeit nur „nachhallen" kann, wenn das Vorhandene weiterentwickelt und genutzt wird.

Nachhaltigkeit von Personalentwicklung hat aber auch sehr viel mit dem Transfer des Gelernten in die betriebliche Praxis zu tun. Hier liegt vieles im Argen und manche Weiterbildungsmaßnahmen sind noch eher Ausdruck einer Nice-to-have-Strategie als einer Important-to-have-Strategie. So verweist eine amerikanische Erhebung darauf, dass US-Unternehmen zwar 100 Milliarden US-Dollar in die Aus- und Weiterbildung investieren, doch nur zehn Prozent dieser Maßnahmen wirklich einen Transfer in die Praxis gewährleisten. Dies bedeutet, dass 90 Milliarden US-Dollar jährlich wirkungslos vertan werden (DETTERMANN/STERNBERG 1993).

Gleichwohl gibt es in der Personalentwicklung der Unternehmen ein besonderes Nachhaltigkeitsproblem. Dies hat etwas mit den eskalierenden Veralterungsraten im Bereich des fachlichen Knowhows und der wachsenden Komplexität in den unternehmerischen Abläufen zu tun. Hieraus ergibt sich das Problem der Zieldiffusität. Dies bedeutet, es gibt nicht nur das Problem der Nutzung und Weiterentwicklung des Bekannten, sondern darüber hinaus auch das Problem, dass der Wandel immer weniger konkret-inhaltlich prognostizierbar ist. Fachleute sprechen hierbei von einem prinzipiellen Prognosedefizit. Dieses findet darin seinen Ausdruck, dass es kaum noch Beständiges gibt, das einzig Beständige vielmehr der Wandel selbst ist. Und dieser ist auch nicht mehr das, was er einmal war. Es veralten nicht nur Kompetenzen und Wissensbestandteile, die ja kontinuierlich ersetzt bzw. aktualisiert werden könnten, es verändert sich vielmehr der Wandel selbst. Unbekannt ist nicht nur, was gelernt bzw. reflektiert werden muss, es ist vielmehr auch so, dass die eingeleiteten Lernprozesse selbst den Wandel prägen, beschleunigen oder entschleunigen können. Kontinuierliches Lernen ist zwar einerseits durch den Wandel ausgelöst bzw. nahe gelegt, doch verläuft es andererseits nicht mehr in institutionalisierten, d.h. curricular vorgegebenen Mustern, sondern in Suchbewegungen, an deren Ende auch ihrerseits gewandelte Strukturen

> **Zentrales Nachhaltigkeits-Problem ist die Know-how-Verfallszeit.**

stehen können. D.h. betriebliche Weiterbildung und Personalentwicklung müssen sich von dem vertrauten Muster der Kompetenzanpassung durch Lernen lösen. Die Qualität und Zieloffenheit des beschleunigten unternehmerischen Wandels erfordert vielmehr ebenfalls zieloffene Reflexionsprozesse, deren Resultate dann ihrerseits in unvorhersehbarer Weise auf die Voraussetzungen wirken, wodurch ein neuer Schub reflexiven Lernens notwendig wird. ORTFRIED SCHÄFFTER, von der Humboldt-Universität Berlin, schreibt dazu in einer Untersuchung über die Probleme der Kompetenzentwicklung während des gesellschaftlichen Transformationsprozesses in den neuen Bundesländern:

„Permanente Veränderung allein trifft daher noch nicht den entscheidenden Punkt. Das Neuartige einer 'Transformationsgesellschaft' besteht vielmehr darin, dass sich heute auch der Charakter von Wandlungsprozessen verändert; es lässt sich daher von einer 'Veränderung der Veränderung' also von 'Veränderungen zweiter Ordnung' sprechen. (...) Erwachsenenbildung stößt an dieser Stelle an Paradoxien ihrer bisherigen Fixierung auf 'gesellschaftliche Modernisierung'. Will sie sich nicht der blind verlaufenden Kette eines durch eigene Aktivitäten gesteigerten Anpassungsdrucks nur reaktiv überlassen, so wird eine Reflexion auf die zugrunde liegende temporale Zwangsstruktur notwendig: Lernorganisation hat hier die Möglichkeit der Distanzierung von dem permanenten Veränderungsdruck konzeptionell zu sichern, sie hat zum Widerstand gegenüber blinden Beschleunigungsmustern zu ermutigen und beispielsweise Menschen zu befähigen, sich einer zweiten, dritten oder vierten Umschulungsmaßnahme zu verweigern und sich stattdessen mit einem Leben ohne Erwerbsmöglichkeiten konfrontativ auseinander zu setzen. Hierfür hat Bildungsorganisation für Menschen und soziale Gruppierungen in Orientierungs- und Umbruchsituationen entlastende Rahmenbedingungen bereitzustellen und dadurch zur gesellschaftlichen Entschleunigung beizutragen. Es geht dabei um Möglichkeiten der Selbstvergewisserung und der Wiedergewinnung von Erlebnisfähigkeit für die Gegenwart" (SCHÄFFTER 1998, S. 24 und 32).

Diese Überlegungen lassen die Frage aufkommen, ob nicht auch Unternehmen – gerade auch im Interesse von Nachhaltigkeit – in ihrer Personalentwicklung Freiräume für reflexives Lernen vorsehen müssen. Gibt es nicht angesichts der Unsicherheit betrieblichen Wandels auch Bedarf an Distanzierungs- und Reflexionsphasen? Möglicherweise muss nämlich auch Nachhaltigkeit anders gedacht werden, könnte sich die Vorstellung von der „langfristigen Wirksamkeit" von etwas (einer Qualifizierungs- oder Bildungsmaßnahme) doch als verkürzt erweisen, wenn zunächst überhaupt nicht eindeutig ist, worin dieses „Etwas" bestehen könnte. Nachhaltigkeit wäre paradoxerweise gerade dann gegeben, wenn Mitarbeiterinnen und Mitarbeiter in zunächst relativ zieloffenen Lernprozessen neue Sichtweise, Begründungen und Perspektiven entwickeln, mit deren Hilfe Wandel gestaltet werden kann. Damit Führungskräfte den Mut für eine in diesem Sinne offene Personalentwicklung finden, ist allerdings das alte Denken zu überwinden, welches der Personalentwicklung eine grundsätzlich „dienende" Funktion (zur Erreichung von vorgegebenen Zielen) zuweist.

Die tatsächlich wichtigen und neuartigen Fragen, die sich in der Praxis der Personalentwicklung stellen, lauten deshalb: Wie kann die Nachhaltigkeit einer Entwicklung gesichert werden, wenn ansonsten „nichts bleibt, wie es war?" Oder: In welche Richtung sollen die Mitarbeiterpotentiale entwickelt werden, wenn die Zukunft der Anforderungen nur zu Teilen absehbar, aber in vielem unsicher ist? Slogans, wie „Notwendig wird der Umgang mit Unsicherheit!" oder „Mitarbeiter können nicht mehr länger an den Wandel angepasst werden, sie müssen vielmehr in die Lage versetzt werden, selbst den Wandel mit zu gestalten!" markieren die grobe Richtung, in die eine nachhaltige Personalentwicklung gehen muss.

Personalentwicklung kann heute weniger denn je als reaktive Anpassung an die Anforderungen, die sich aus den Entwicklungen in den Bereichen der Technik und der Arbeitsorganisation ablesen lassen, realisiert werden. Vielmehr ergibt sich eine gewisse Umkehrung des Blicks: Nicht mehr Anpassung, sondern Gestaltung ist das Leitmotiv moderner Personalentwicklung. Während für den klassischen Anpassungsansatz die Technik bzw. die technischen

Gestaltung ist das Leitmotiv moderner Personalentwicklung.

Investitionen und Innovationen „Fixpunkte" der Personalentwicklungsplanung (Personalbedarf, Weiterbildungs-, Einstellungsplanung) waren, ist dies beim Gestaltungsansatz anders. Für ihn ist die Personalentwicklung keine der Technik nachgeordnete Aktivität, sondern eine Bedingung für die Unternehmensentwicklung. Langfristige Wirkungen kann die Personalentwicklung demnach nur entfalten, wenn sie zur Bestimmungsgröße und zum Gestaltungsfaktor für die Entwicklung und den Wandel des Unternehmens wird. Die Förderung von Kreativität sowie der kunden- und aufgabenorientierten Kompetenzen der Mitarbeiter stehen deshalb im Vordergrund. Ausgegangen wird von der Erfahrung, dass Qualifikationen und Kompetenzen die ausschlaggebenden Bedingungen dafür sind,

- welche Leistungen ein Unternehmen überhaupt erbringen kann,

- welche Qualität seine Produkte und Dienstleistungen kennzeichnen und

- welche interne Flexibilität seine Strukturen aufweisen.

Die Nachhaltigkeit der Unternehmensentwicklung hängt somit in starkem Maße von der Erschließung und Förderung der Gestaltungskompetenzen der Mitarbeiterinnen und Mitarbeiter ab. Welche Potentiale dabei von einer gestaltungsorientierten Personalentwicklung grundsätzlich mobilisiert und genutzt werden können, lässt sich schwer abschätzen. Folgt man HANS-JÜRGEN WARNECKE, so ist der Anteil der bislang ungenutzten Kompetenz- und Qualifikationspotentiale deutlich größer als der der genutzten:

„Aus der Erfahrung heraus behaupte ich, dass in herkömmlichen Organisationsstrukturen nur 10 bis 20 Prozent der Mitarbeiter ihr volles Leistungspotential einbringen. Dies ist den Führungskräften durchaus bewusst. Sie erkennen es daran, dass ihnen beim Auftreten eines neuen Problems immer nur wenige Mitarbeiter – und meist immer nur dieselben – einfallen, die sie mit der Lösung beauftragen können. Sie nehmen dies als unabänderliche Folge der Vielfalt menschlicher Charaktere und des weiten Spektrums menschlichen Verhaltens hin. Die Nutzung aller Potentiale aller Mitarbeiter, deren Kreativität, Wissen und Können muss aber unbedingtes Ziel sein" (WARNECKE 1996, S. 103).

Man kann somit auch in einer gewissermaßen umgekehrten Perspektive feststellen, dass die derzeitige Nutzung der Mitarbeiterpotentiale noch nicht nachhaltig genug ist. Die Nachhaltigkeit der Personalentwicklung hat demnach ganz offensichtlich nicht nur etwas mit der Gestaltung der Personalentwicklung selbst, sondern auch mit der Gestaltung der betrieblichen Arbeitsplätze zu tun. Und hier stellt sich uns das Problem, dass viele Arbeitsplätze es überhaupt noch nicht zulassen, dass Menschen an ihnen zeigen können, was sie können und welche Fähigkeiten in ihnen stecken. Die Nachhaltigkeit zahlreicher Personalentwicklungsmaßnahmen scheitert somit oft an der Starrheit gewachsener Arbeitsstrukturen. Schenkt man neueren industriesoziologischen Studien Glauben, dann laufen nämlich vielfach die nach veränderten Methoden ausgebildeten Jugendlichen mit ihren Schlüsselqualifikationen in der betrieblichen Praxis „ins Leere". Der Grund liegt häufig darin, dass ihre Fähigkeiten zur selbstständigen Problemlösung mit der Starrheit der gewachsenen Strukturen sowie den Abgrenzungs- und Zuständigkeitsfragen unseres Berufs- und Karrieresystems „ins Gehege" kommen. Hinweise darauf, dass dies so ist, gibt es viele. So stellte u.a. der Leiter der Zentralen Personalentwicklung der VOLKS-WAGEN AG, HAASE, 1993 auf einer Expertentagung „Berufliche Bildung und betriebliche Organisationsentwicklung" fest:

„Ich behaupte (...), unsere nach der Neuordnung ausgebildeten Jungen und Mädchen sind hervorragend qualifiziert und verfügen auch über Teamfähigkeit. Mit dieser Ausbildung wären das die Leute für eine moderne Arbeitsorganisation. Ihr Wissen und Können wird aber nicht abgefordert. Nach dem heutigen Stand der Leistungsmöglichkeiten sind sie mindestens ein Jahr überqualifiziert. Danach haben wir das Problem nicht mehr. Dann ist das wieder weg. Aber nicht, weil die Fähigkeiten eingesetzt werden" (HAASE, in: RUBART 1993, S. 121).

Scheitert die Nachhaltigkeit einer gestaltungs- und potentialorientierten Personalentwicklung damit an den Gegebenheiten, wozu auch, wie die neuere Industriesoziologie andeutet, die berufs- und karrieremäßige Organisation der gesellschaftlichen Arbeit zählt? Hieraus ergeben sich m.E. weitere zentrale Fragen für die Zukunft der Personalentwicklung: Erweisen sich das System der Fachberufe und die darauf bezogene berufsorientierte Strukturierung der Berufsbildung als Begrenzungen für den notwendigen Organisationswandel im Kontext der neuen Produktionskonzepte? Und: Müssen die Personalentwickler und die Weiterbildner im Unternehmen möglicherweise ihren kompetenzzentrierten Blick ändern und mehr über „Organisation" (organisatorische Rahmenbedingungen der Arbeitsplätze etc.) als über „Qualifikation" nachdenken?

> **Personalentwickler müssen mehr über Organisation nachdenken.**

Gerade dieser letzte Aspekt ist von grundlegender Relevanz. Führungskräfte und Personalentwickler haben vielerorts schon längst aufgehört, in Incentives und Weiterbildungsangeboten zu denken. Sie haben erkannt, dass es ihre Zuständigkeit ist, die Lernrelevanz von Arbeitsplätzen zu garantieren, um die Arbeitsplätze selbst zu Orten des lebenslangen Lernens umzugestalten. Damit Menschen an ihren Arbeitsplätzen kreativ, beweglich und aufgeschlossen bleiben, ist es notwendig, dass diese Arbeitsplätze nicht nur in Routinen erstarren, sondern beständig auch mit neuen und anderen Aufgaben angereichert werden. Außerdem kann es sinnvoll und nötig sein, Tätigkeiten prinzipiell nur noch auf Zeit auszuführen und nach einiger Zeit die Mitarbeiter „rotieren" zu lassen. Die aus der Diskussion um die Humanisierung der Arbeitswelt bekannten Formen des Job-Enlargements, Job-Enrichments und der Job-Rotation gewinnen heute in Anbetracht der Notwendigkeit des „Lernens am Arbeitsplatz" eine erneute Relevanz. Grundlage dieser erneuten Aktualität sind allerdings keine Humanisierungsforderungen, sondern Sachzwänge – allen voran der Sachzwang, nachhaltige Unternehmensentwicklung durch die Etablierung und Förderung „lernender Strukturen" zu gewährleisten.

Solche Fragen sind unter der Überschrift „Erosion des Berufs" in den letzten Jahren immer wieder debattiert worden. Was dabei herauskam zeigt, dass nicht der Beruf erodiert, sich wohl aber seine konkreten Erscheinungsformen wandeln. Immer weniger entspricht das Konzept des „Lebensberufs" heute noch der Realität. Auch kann der Einzelne sich immer weniger darauf verlassen, auf die in einem bestimmten Betrieb erworbenen Kenntnisse, Fähigkeiten und Fertigkeiten in gleicher Weise auch an anderer Stelle zurückgreifen zu können. Was sich abzeichnet ist eine Art „neuer Beruflichkeit", die vom Einzelnen verlangt, dass er in der Lage ist, „künftige Entwicklungen mitvollziehen und mitgestalten zu können" und „mehrmals den Beruf zu wechseln, um nach Phasen der Arbeitslosigkeit wieder einen Job zu bekommen" (KRUSE 1997, S. 8). Nur indem sich die Menschen auf diese neuen Formen von Beruflichkeit einlassen, werden sie auch in der Lage sein, sich nachhaltig an der Gestaltung ihrer Arbeitsplätze und an der längerfristigen Entwicklung ihres Unternehmens zu beteiligen.

Damit diese neue Beruflichkeit entsteht, muss die betriebliche Personalentwicklung in mehrfacher Hinsicht umdenken. Sie muss auch der Tatsache Rechnung tragen, dass heute eine reflexive Orientierung gefragt ist. Das heißt: Es ist immer weniger sinnvoll und auch möglich, Kompetenzlücken zu schließen und Kompetenzprofile kontinuierlich an gewandelte Anforderungen anzupassen. Es kommt vielmehr darauf an, die Lernfähigkeit und damit auch die Selbstanpassungsfähigkeit der Mitarbeiterinnen und Mitarbeiter zu fördern. Nicht mehr das

Schlüsselqualifikationen sind notwendige Bestandteile zeitgemäßer Kompetenzprofile.

Know-how steht dabei im Vordergrund, sondern das Know-how-to-Know. Dieser Gedanke ist in den letzten Jahren verschiedentlich unter der Überschrift „Vermittlung von Schlüsselqualifikationen" diskutiert worden. Als Schlüsselqualifikationen wurden dabei übergeordnete Qualifikationen bezeichnet, mit deren Hilfe der Einzelne sich auch selbst neue Kenntnisse aneignen kann. Dabei geht es um die Entwicklung einer Erschließungs- bzw. Selbsterschließungskompetenz, die gewissermaßen die Basis für ein ständiges „Selbstschärfen" des eigenen Kompetenzprofils darstellen (vgl. ARNOLD/MÜLLER 1999).

Nun mag das Bild, das hier gezeichnet wird, etwas idealisierend anmuten. Kann man wirklich davon ausgehen, dass die Mitarbeiter sich selbst beständig um das En-jour-Halten ihrer Qualifikationen bemühen? Ist es nicht vielmehr so, dass Mitarbeiter vielfach auch nur schwer zur Teilnahme an Maßnahmen zur Kompetenzsicherung und Kompetenzentwicklung motiviert werden können? Solche Erfahrungen, über die wir alle verfügen, sind auch Teil der betrieblichen Realität. Gleichwohl wird kein Weg daran vorbeiführen, dass Menschen zukünftig um die „Verfallsdaten" ihrer Kompetenzen wissen und deshalb ein existentielles Eigeninteresse an deren „Wartung" entfalten müssen, was in vielen Bereichen ja auch heute schon so ist.

Hiermit ist auch das angesprochen, was mit der Forderung nach lebenslangem Lernen gemeint ist. Da lebenslanges Lernen ja nicht bedeuten kann, dass auch Erwachsene sich häufig in Lehrveranstaltungen aufhalten, muss es darum gehen, zum einen ihre eigenen Lernfähigkeiten kontinuierlich zu entwickeln, zum anderen müssen ihnen aber auch Angebote für ihr Selbstlernen zugänglich gemacht werden. Beide Aspekte verweisen auf die Notwendigkeit eines grundlegenden Wandels der Lernformen in unserer Gesellschaft. Die Tatsache, dass selbst Absolventen von Gymnasien sowie Studierende in fortgeschritteneren Semestern eigentlich relativ wenig über ihr eigenes Lernen wissen und auch kaum Lernstrategien und Lernmethoden richtig kennen, zeigt, dass unsere Bildungseinrichtungen noch in einem zu starken Maße „Lehrinstitute" sind. Da in Lehrinstituten alles Mögliche gelehrt, aber das Lernen ganz offensichtlich nicht richtig und absichtsvoll im Vordergrund steht, müssen sich diese grundlegend wandeln. Unsere Gesellschaft kann es sich nicht länger leisten, dass die nachwachsende Generation in ihren Bildungseinrichtungen das Wichtigste nicht wirklich lernt: das Lernen des Lernens. Schulen, Hochschulen sowie die betrieblichen Formen der Aus- und Weiterbildung müssen sich deshalb von Lehr- zu Lerninstitutionen wandeln.

Der zweite Aspekt ist aber genauso wichtig: Wir benötigen in zunehmendem Maße Lernarrangements, Selbstlernmaterialien, Lernpakete etc., mit deren Hilfe sich Menschen das notwendige Wissen auch tatsächlich selbst gesteuert aneignen können. Nur indem dies möglich ist, nur indem man schon sehr früh lernt, dass man „selbst hinter die Sachen kommen kann" und Lehrpersonen allenfalls Berater oder Ressourcenpersonen sind, nur indem die Menschen schon sehr früh die Erfahrung sammeln können, dass sie die „Eigentümer" ihrer Lernprozesse sind, kann auch erwartet werden, dass wir es später in den Unternehmen mit lern- und selbsterschließungskompetenten Mitarbeitern zu tun haben. Die Nachhaltigkeit der Unternehmensentwicklung wird demnach schon sehr früh in den schulischen, aber auch in den unternehmerischen Lernprozessen angebahnt. Wenn diese durch zu erschließende Lernaufgaben gekennzeichnet sind, dann ist gewissermaßen der Transfer in die spätere Aufgabengestaltung im Unternehmen vorbereitet. Gleichzeitig dürfte auch das zentrale Anfangsproblem der betrieblichen Personalentwicklung abgemildert sein, welches darin besteht, dass die Unternehmen den von den Schulen und bisweilen sogar den von den Universitäten kommenden Jugendlichen oder jungen Erwachsenen mühsam beibringen müssen, dass „es auf sie selbst ankommt".

Wie können Führung und Personalentwicklung die Nachhaltigkeit der Unternehmensentwicklung fördern?

- Die Eigenkräfte und Eigenanstrengungen der Mitarbeiter erkennen und aufgreifen (systemangemessenes Handeln).

- Wandel erfordert nicht länger nur Kompetenzanpassung, es ist vielmehr heute oft unsicher, was das Ziel der Kompetenzanpassung sein soll.

- Mitarbeiter können nicht mehr nur an den Wandel angepasst werden, sie müssen vielmehr lernen, den Wandel selbst (mit) zu gestalten (vom Anpassungs- zum Gestaltungsansatz).

- Wandlungsgestaltende Personalentwicklung benötigt Freiräume für reflexives Lernen, d.h. ein Lernen, dass seine Ziele und Inhalte selbst „sucht" (Suchbewegung).

- Grundlegendes Ziel offener Personalentwicklung ist das Lernen des Umgangs mit Unsicherheit. Dieses kann nur in unsicheren („offenen") Lernsituationen gelernt werden.

- Die Nachhaltigkeit der Unternehmensentwicklung hängt heute von den Gestaltungskompetenzen und den Selbsterschließungskompetenzen der Mitarbeiterinnen und Mitarbeiter ab. Beides sind zentrale Schlüsselqualifikationen.

- Starre Arbeitsplätze können die Gestaltungs- und Selbsterschließungskompetenzen der Mitarbeiterinnen und Mitarbeiter „ins Leere" laufen lassen und die Nachhaltigkeit beeinträchtigen.

Transformation von Deutungsmustern –

Wandel findet in den Köpfen statt

Transformation von Deutungsmustern –
Wandel findet in den Köpfen statt

Nicht erst durch die Verbreitung konstruktivistischer Theorien musste sich auch die betriebliche Weiterbildung und Personalentwicklung verstärkt damit auseinander setzen, dass es *die* Wirklichkeit nicht gibt. Auch die noch so handfestesten Problemlagen sind nicht für alle Menschen in gleicher Weise existent. Das, was sie erkennen, ist auch davon abhängig, was sie zu erkennen gewohnt sind, selbst wenn alle sich einig sind, dass es sich um ein „Problem" handelt. Diese Konstruktivität und Interpretationsabhängigkeit von Weltsichten, mit der wir uns im nächsten Kapitel noch ausführlicher befassen wollen („Alles ist Deutung!?") ist auch für die betriebliche Kooperation und Führung bestimmend. Und zahlreiche Führungskräfte mussten in eigenen mühsamen Lernprozessen erkennen, dass auch die penibelst geplante und überzeugend vorgetragene Innovationsabsicht nicht „ankam", weil es ihnen nicht gelang, die gewachsenen Sichtweisen und Deutungsmuster ihrer Mitarbeiter und Mitarbeiterinnen zu differenzieren oder gar zu transformieren (i.S. von Weiterentwicklung). Ohne eine solche Transformation geteilter Sichtweisen und Deutungen kann allerdings weder Organisationslernen, noch Organisationsentwicklung wirklich gelingen. Denn Wandel beginnt in den Köpfen, d.h. in der Regel ist eine Innovation schon „halb realisiert", wenn die beteiligten Menschen diese in ihren Köpfen vollzogen haben. Ein erster Schritt in diese Richtung ist allerdings, dass sich die Führungskräfte selbst als „verantwortliche Deuter" der betrieblichen Wirklichkeit verstehen und dabei aber auch einsehen, dass ihre Sicht der Dinge, ihre Vorhaben und ihre Erklärungen konstruiert sind. Die „Zähmung des Blicks" (SCHMIDT 1998) ist deshalb auch für erfolgreiches Führungshandeln eine grundlegende Voraussetzung.

Betriebliche Weiterbildung und Personalentwicklung müssen sich heute zunehmend als Organisationslernen präsentieren (vgl. im Einzelnen das 8. Kapitel). Immer offensichtlicher ist es nämlich nicht mehr ausreichend, sich auf das Individuum und seine Kompetenzentwicklung zu konzentrieren. Gefragt werden muss vielmehr, ob und inwieweit das Individuum in der Lage ist, an der Gestaltung und Weiterentwicklung des organisatorischen Gesamtzusammenhangs mitzuwirken. Aus diesem Grunde müssen sich die betriebliche Weiterbildung und die Personalentwicklung auch stärker um die Einbindung des Einzelnen in die Entwicklung seines Arbeitsplatzes, seiner Abteilung und seines Betriebes kümmern. Dass der Einzelne lernt, ist schon längst nicht mehr ausreichend, es geht vielmehr auch darum, dass mit seiner Hilfe und durch die Anwendung des Gelernten auch sein Umfeld, seine Kollegen und sein Betrieb lernen können. Während das individuelle Lernen i.d.R. auf die mehr oder weniger absichtsvolle und systematische Aneignung von Fachwissen und die Entwicklung von Schlüsselqualifikationen bezogen ist, zielt ein solches organisationales Lernen auf andere Inhalte. Hier stehen die alltäglichen Deutungen und „Gebrauchstheorien" („theories in use") der Organisationsmitglieder im Vordergrund. Organisationales Lernen ist darum bemüht, ihre geteilten Deutungen und Visionen über die Routinen und Strategien im betrieblichen Alltag a) ins Bewusstsein zu heben, b) zu reflektieren und c) – durch die Initiierung geeigneter Lernprozesse – zu transformieren. Unternehmen, so die zugrunde liegende Überzeugung, können sich überhaupt nur nachhaltig entwickeln, wenn sie ihre gemeinsame Wissensbasis, d.h. die Gesamtheit ihrer geteilten Deutungen, Sichtweisen und Erklärungsmuster ständig weiterentwickeln.

> **Dass der Einzelne lernt, ist schon längst nicht mehr ausreichend.**

Lernen wird so zur Kulturentwicklung: In betrieblichen Lernprozessen werden letztlich gemeinsame Symbolisierungsformen, Deutungsmuster sowie kollektive Visionen erzeugt, entwickelt und verändert. Organisationales Lernen nimmt damit eine neue, konstruktivistische Dimension des außerfachlichen bzw. fachübergreifenden Lernens der Mitarbeiterinnen und Mitarbeiter in den Blick. Es geht nämlich nicht um Fachliches in diesen Lernprozessen, sondern um die Anbahnung der Fähigkeit zum Umdenken. Diese Fähigkeit beschreibt PETER SENGE als „Metanoia" (= Umdenken). Er stellt fest: „Die lernende Organisation ist ein Ort, an dem Menschen kontinuierlich entdecken, dass sie ihre Realität selbst erschaffen" (SENGE 1996, S. 22). PETER SENGE verwendet deshalb das Konzept der „mentalen Modelle", über die jedes Organisationsmitglied verfügt. Diese bestimmen seine Wahrnehmung, leiten sein Verhalten an und sind ausschlaggebend dafür, ob und inwieweit Wandlungen oder Innovationen unterstützt oder abgeblockt werden:

„Genauer gesagt, neue Einsichten werden nicht in die Praxis umgesetzt, weil sie tief verwurzelten inneren Vorstellungen vom Wesen der Dinge widersprechen – Vorstellungen, die uns an vertraute Denk- und Handlungsweisen binden. Deshalb ist die Disziplin vom Management der mentalen Modelle, dass wir lernen, unsere inneren Bilder vom Wesen der Dinge an die Oberfläche zu holen, zu überprüfen und zu verbessern – ein entscheidender Schritt auf dem Weg zur lernenden Organisation" (Senge 1996, S. 213).

Dies ist leichter gesagt als getan. Und es beschleicht einen auch ein leichtes Unbehagen, wenn man sich vorstellt, dass nunmehr „alles auf den Tisch soll", auch die persönlichsten Winkel des Denkens sowie der Vorurteile und Erfahrungen sollen plötzlich von betrieblichem Interesse sein. Ist die lernende Organisation so nicht auf dem besten Weg, eine totale Organisation zu werden, in der alles transparent, sichtbar und kontrollierbar wird. Ist sie nicht eine Organisation des gläsernen, d.h. durchsichtigen und völlig einsehbaren Mitarbeiters? Und wie verträgt sich diese totalitäre Richtung mit der Mitarbeiterorientierung und den betrieblichen Forderungen nach Entwicklung selbstbewusster und zum selbstständigen Handeln fähiger Mitarbeiterinnen und Mitarbeiter? Diese Gefahren sind zwar nicht völlig aus der Welt zu räumen, sie treten jedoch nur auf, wenn das „Management mentaler Modelle" oder die „Transformation von Deutungen" in alter Manier als Pflichtprogramm eingeführt wird, viel-

Führt die lernende Organisation nicht zum gläsernen Mitarbeiter?

leicht sogar noch mit der technokratischen Absicht, mentale Modelle seien – wie vielleicht sogar der Begriff „Management", den Peter Senge in diesem Zusammenhang verwendet, suggeriert – „umbaubar", und es sei letztlich die Führungskraft, die über die Kriterien dafür verfüge, ob dieser Umbau letztlich gelungen sei oder nicht. Damit diese sensible Ebene der Transformation von Deutungsmustern überhaupt von betrieblicher Führung und Personalentwicklung erreicht werden kann, ist es zwingend notwendig, die Transformation selbst im Bereich der Freiwilligkeit und der Eigentätigkeit zu belassen. Auch hier muten die heute notwendigen Strategien paradox an: Um das zu erreichen, was notwendig ist (Transformation von Deutungsmustern) müssen die Unternehmen freiwillige und offene Prozesse eines reflexiven Lernens organisieren, bei

denen sie nicht exakt wissen (können), was dabei letztlich heraus-
kommt.

Es ist leicht nachvollziehbar, dass insbesondere Führungskräfte oder
Führungstheoretiker, die an die Machbarkeit von solchen notwendigen Lernprozessen glauben, mit einer solchen Offenheit und
Unverfügbarkeit ihre lieben Mühen haben, sind Betriebe es doch
i.d.R. nicht gewohnt, das, was nötig ist, auch von dem abhängig
zu machen, was den Mitarbeiterinnen und Mitarbeitern möglich
ist. Doch scheint es so zu sein, dass wir beim Versuch, die eigentlich
wirksamen und nachhaltigen Formen eines Organisationslernens
zu entwickeln, die Grenzen des Mach- und Kontrollierbaren deutlich hinter uns lassen. Unternehmen, die sich zu lernenden Organisationen entwickeln, sind existentiell, d.h. im wohlverstandenen
Eigeninteresse, darauf angewiesen, reflexive Kompetenzen bei ihren
Mitarbeiterinnen und Mitarbeitern zu fördern, die diese auch in die
Lage versetzen, sich vieles grundsätzlich anders vorzustellen. Entscheidend ist allerdings, dass solche reflexiven Lernprozesse auch
helfen (können), die Konstruktivität und damit Veränderbarkeit
der eigenen Deutungen zu verstehen und – wie es SENGE aus Mana-
gerseminaren zu berichten weiß – zu erkennen, „(...) dass es immer
nur Annahmen, keine 'Wahrheiten' gibt, dass wir die Welt durch
unsere mentalen Modelle sehen und dass diese mentalen Modelle
immer unvollständig und – insbesondere in der westlichen Kultur
– chronisch unsystemisch sind" (SENGE 1996, S. 226).

Führung und Personalentwicklung, die einen Beitrag zum organisationalen Lernen leisten wollen, müssen solche Mentalitäts-Transfor-
mationen auslösen, begleiten und unterstützen. Voraussetzung ist
allerdings, dass man die Mentalitätsmuster kennt und zum Thema
bzw. zum Ausgangspunkt der Lernprozesse werden lassen kann. In
diesem Sinne knüpfen auch Organisationsuntersuchungen häufig
an den „Cognitive Maps" der Organisationsmitglieder an, um Strukturen, Prozesse und Interventionen initiieren zu können, die sys-
temverträglich sind und deshalb auch nachhaltige Lernprozesse
auslösen können (vgl. GÖTZ 1997).

Dieser systemischen Sichtweise liegt – wie bereits dargelegt – letztlich die Auffassung zugrunde, dass die Evolution natürlicher Systeme zu erheblichen Anteilen „selbstreferentiell geschlossen" erfolgt.
D.h. Systeme reagieren zunächst auf ihre eigenen Strukturen und

Zustände. Hierzu zählen auch die Sichtweisen und Interpretationen, die Entwicklungsmöglichkeiten bestätigen oder ausschließen. Dies bedeutet aber auch, dass sich Systeme nicht nur – und vielleicht noch nicht einmal in erster Linie – aufgrund äußerer Anregungen sowie der Analysen und Impulse von Beratern oder Führungskräften entwickeln, sondern aufgrund ihrer inneren Beschaffenheit. Vom radikalen Konstruktivismus ist diese Einsicht zu der These verdichtet worden, dass kognitive Systeme

Können kognitive Systeme überhaupt eine objektive Umwelt erkennen?

nicht eine objektive Umwelt erkennen können, sie erzeugen vielmehr aufgrund der physiologisch-neurologischen Beschaffenheit ihrer Wahrnehmungsorgane sowie aufgrund ihrer biographisch erprobten und bewährten Deutungsmuster selbstorganisiert ein Bild von Realität, welches aber kein Abbild, sondern eine Konstruktion bzw. eine Fortschreibung ist.

Diese These ist nicht ganz unproblematisch, wäre sie doch auch auf die Konstruktivitätsthese selbst zu beziehen und somit überhaupt nicht prüfbar. Gleichwohl betont das Selbstorganisationskonzept, die bereits von der Erkenntnispsychologie (J. PIAGET) formulierte Einsicht, dass menschliches Erkennen letztlich immer in einem Wechselprozess zwischen „Angleichung der Umwelt an vorhandene Wahrnehmungsschemata" (Assimilation) und „Anpassung vorhandener Wahrnehmungsschemata an neue Situationen" (Akkomodation) erfolgt. Die Frage, welche Wahrnehmung richtig oder falsch ist, spielt dabei überhaupt keine Rolle, weil Menschen grundsätzlich nur das erkennen können, was sie mit Hilfe ihrer Schemata oder Deutungsmuster sehen können. Das einzige, was zählt ist deshalb – wie die Konstruktivisten sagen – die Viabilität der Deutung, d.h. die Frage, ob damit eine gangbare oder brauchbare Sicht der Dinge entsteht oder nicht.

PETER SENGE schlägt für den Umgang mit mentalen Modellen vor,

■ Abstraktionssprünge zu vermeiden (z.B. Generalisierungen, Typisierung von Verhaltensweisen anderer: z.B. „... Sie macht sich nichts aus Menschen"),

■ den Gegensatz zwischen verlautbarter Theorie und praktizierter Theorie zu vermeiden,

- das „Gleichgewicht zwischen Erkunden und Plädieren" zu gewährleisten (z.b. statt Positionsverteidigung besser fragen, wie jemand zu seiner Ansicht gelangt ist) und

- „die linke Spalte berücksichtigen", d.h. das im Auge behalten, was man denkt, während man auf der rechten Spalte etwas sagt (SENGE 1996, S. 234 ff.).

Konkret zum Erkunden und Plädieren schlägt er vor:

Wenn Sie für Ihren Standpunkt plädieren	Beim Erkunden fremder Standpunkte
■ Machen Sie Ihre eigene Argumentation explizit (sagen Sie z.B. ehrlich, wie Sie zu ihrer Ansicht gelangt sind, und legen sie die Daten offen, die diesem Urteil zugrunde liegen).	■ Wenn Sie Vermutungen über die Ansichten anderer anstellen, erklären Sie diese Annahmen und gestehen Sie ein, dass es sich um Annahmen handelt.
■ Geben Sie Daten an, auf denen Ihre Annahmen beruhen.	■ Ermutigen Sie andere, Ihre Ansicht zu hinterfragen (z.B. „Sehen Sie Lücken in meiner Beweisführung?").
■ Ermutigen Sie andere, abweichende Ansichten zu äußern.	■ Stellen Sie keine Fragen, wenn Sie kein echtes Interesse an der Antwort haben. ■ Erkunden Sie aktiv andere Ansichten, die von ihrer eigenen abweichen.

Abb. 4.: Hinweise zur Berücksichtigung mentaler Modelle beim Umgang mit anderen (nach: SENGE 1996)

Mit dieser Auffächerung hat SENGE einige sehr praxisbezogene Hinweise formuliert, die beim Versuch hilfreich sein können, konstruktiv mit der Interpretationsgebundenheit von Handeln umzugehen. Indem Führungskräfte diese Hinweise berücksichtigen, vermeiden sie den schlichten Effekt, dass sie an ihrer Sicht der Dinge mehr oder weniger freundlich, aber verbindlich festhalten und dadurch erreichen, dass diejenigen, die ohnehin in der strukturell schwächeren Position sind, ihre Bedenken, Gegenargumente oder Anregungen eher zurückstellen. Ein solch unkonstruktivistisches Verhalten bringt letztlich das System zum Schweigen, oft mit der bitteren Konsequenz, dass es nicht mehr anfängt, sich offen mitzuteilen. So kann die unsystemische Dominanz einer Führungskraft über Nacht das zerstören, was ein mühsames Vertrauensmanagement über viele Jahre aufgebaut hat, nämlich Mitarbeiter, die sich einbringen und ein System, auf das man hören kann.

Nun kann eine Führungskraft die Hinweise zur Berücksichtigung mentaler Modelle beim Umgang mit anderen sicherlich nicht aus Büchern lernen. Notwendig ist letztlich ein Verhaltens- sowie Kommunikationstraining, in dessen Verlauf andere Formen der Interaktion regelrecht antrainiert werden können. Während wir in der Regel gelernt haben, unsere Ansichten zu verteidigen und Stützargumente bei Infragestellung beizubringen, erfordert der systemadäquate Umgang mit fremden Interpretationen eine defensiv-forschende Haltung. Die Führungskraft ist aufgefordert, aktiv andere Ansichten zu erkunden (s.o.). Dies erfordert ein richtiges Suchverhalten. Man muss sich davon lösen, Gegenargumente am besten unter den Tisch fallen zu lassen oder wegzuwischen. Demgegenüber muss eine systematische Suche nach denselben ein-

> **Wenn alle schweigen, bleiben die Bedenken latent.**

setzen, wenn professionell, d.h. systemisch und deutungstransformierend geführt werden soll. Diese Führungspraxis unterscheidet sich fundamental von der verbreiteten hinterfragungsresistenten Strategie. Während bei dieser Strategie Führungskräfte dazu neigen, alles „auf dem richtigen Weg zu sehen", wenn keine Hinterfragungen, Kritik, Gegenargumente oder Anregungen sie mehr erreichen, muss genau ein solcher Zustand systemische Führungskräfte misstrauisch stimmen. Wenn alle schweigen, bleiben die Bedenken latent. Und wenn man diese nicht kennt, dann kann man sie auch nicht zum Thema machen, auf sie eingehen und berücksichtigen. Es ist damit zu rechnen, dass diese nichtartikulierten Anregungen wie U-Boote wirken und erst in der entscheidenden Phase einer Veränderung plötzlich auftauchen.

Von grundlegender Bedeutung ist auch die eher defensive Form, in der für die eigenen Standpunkte plädiert werden soll. Es ist dabei unbedingt notwendig, dass die Führungskraft noch behutsamer vorgeht als andere, weil sie ja ohnehin ihre hierarchische Position als strukturelles Argument auf ihrer Seite hat. Hierarchieposition ist allerdings kein Vorteil, sondern für systemisches Führen eher ein Nachteil. Dieser latente, aber allen stets bewusste Sachverhalt wirkt eher abschirmend und verfälschend. Führungskräfte müssen deshalb besonders hellhörig sein, um die i.d.R. äußerst vorsichtig vorgetragenen Hinterfragungen auch wirklich hören zu können und wahrzunehmen. Nur dieser Abschirmungseffekt lässt es letztlich verständlich werden, dass Führungskräfte oft die Letzten sind, die eine schlechte Nachricht erfahren oder eine ungeschminkte Schilderung der Lage erhalten. Hellhörigkeit und defensives Plädieren sind deshalb für Führungskräfte, die sich nicht verschleißen, sondern an Systemkräften anknüpfend Veränderungen einleiten wollen, ganz existentielle Verhaltensweisen. Peter Senge hat m.E. mit seinen Hinweisen wesentliche Voraussetzungen für die Entwicklung dieser Verhaltensweisen markiert. Insbesondere das Explizit-Machen der eigenen Ansicht (inklusive der stützenden Daten) sowie die Ermutigung zur Hinterfragung dieser Ansichten stellen überzeugende Konsequenzen aus dem Sachverhalt der Interpretationsgebundenheit von Denken, Handeln und Kooperieren im Betrieb dar.

> **Hellhörigkeit und defensives Plädieren sind grundlegende Verhaltensweisen von systemischen Führungskräften.**

Entscheidend ist allerdings, dass das Umdenken und die Transformation von Deutungen grundsätzlich für alle gleichermaßen programmatisch gültig sind. Es ist nämlich keineswegs systemisch, wenn es nach wie vor die Führungskräfte sind, die für die Transformation der Deutungen anderer zuständig sind, während ihre eigenen Deutungen sakrosankt sind. So sind auch die Hinweise von Peter Senge nicht zu verstehen. Diese gelten vielmehr generell, d.h. für Führungskräfte und Mitarbeiter gleichermaßen. Beide Seiten müssen sich mit der Interpretationsgebundenheit und der Deutungsabhängigkeit ihrer Standpunkte auseinandersetzen und eine konstruktivistische Haltung entwickeln. Indem Führungskräfte dabei gleichzeitig lernen, die abweichenden Standpunkte, Hinterfragungen und Alternativvorschläge als Chance zur Validierung (Gültigkeitsprüfung) zu nutzen, reduzieren sie damit gleichzeitig die Gefahren des Scheiterns. Denn Scheitern ist bei „einsamen Entscheidungen" besonders häufig.

Nun mag man einwenden, dass eine Führungskraft, die nicht weiß was sie will, besonders große Akzeptanzprobleme habe. Dies ist aber eine sehr traditionelle und nicht zuletzt unsystemische Sichtweise. Denn einerseits gewinnen die einsamen Entscheider nie wirklich die Zustimmung aller – oder diese nur solange, solange sie zu den Erfolgreichen gehören – und andererseits ist ihre Entscheidungsbasis oft recht fragil. Es ist also gerade nicht Nachhaltigkeit, was ihr Handeln kennzeichnet. Letzteres gilt um so mehr, je komplexer die zu treffenden Entscheidungen sind und je breiter die dafür erforderliche Basis an Sachwissen ist. Angesichts der eskalierenden Komplexität von Problemlagen ist der Wunsch nach einer starken – oft wird auch gesagt realisierungsstarken – Führungskraft heute kaum noch vertretbar. „Stark" ist

> **Die Stärke einer Führungskraft liegt nicht in der Durchsetzung einsamer Entscheidungen.**

heute die systemisch denkende, nach der Gesamtheit der Interpretationen, Deutungen und Sichtweisen suchende Führungskraft. Führung bedeutet heute „Wirklichkeitsmanagement". Damit ist gemeint, dass Führungskräfte aus einer Sichtung, Erörterung und Prüfung der Standpunkte eine Wirklichkeitskonstruktion arrangieren müssen, die sie dann zur Grundlage von Entscheidungen und Planungen machen kann. Und stark ist deshalb derjenige, der sich dabei nicht nur auf sich selbst verlässt, sondern gewissermaßen auf die kollektive Erfahrung des Systems vertraut.

Gleichwohl ist es auch notwendig, routinisierte Antihaltungen und rigide Deutungsstrukturen als solche zu erkennen und Möglichkeiten zu ihrer Transformation zu schaffen. Hierfür ist es notwendig, dass Führungskräfte und Personalentwickler über sozialpsychologisch entwickelte Wahrnehmungsfähigkeiten verfügen. Sie müssen ihr eigenes Verhalten, aber auch das anderer Menschen gewissermaßen aus der Distanz heraus beobachten und bewerten können. Dabei ist es notwendig, bei sich und bei anderen auf Grundmuster der Interaktion zu achten. Sie müssen sich vom Mythos der Sachlichkeit befreien („sachlich bleiben!") und der bekannten Tatsache Rechnung tragen, dass grundsätzlich alle Interaktion und Kooperation sowohl inhaltliche als auch persönliche bzw. beziehungsmäßige Dimensionen haben. Oft wird in Arbeitsgruppen heftigst „um die Sache" gestritten, weil man persönlich nicht mehr miteinander klar kommt. Und wie viele gute Sachvorschläge wurden mit Sachargumenten niedergemacht, weil sie von einem unbeliebten Kollegen oder einer unbeliebten Führungskraft vorgetragen wurden. Oftmals sind wir überhaupt nicht mehr in der Lage, Sachverhalte unvoreingenommen zu prüfen, weil wir als Menschen, die lebendig fühlen, denken und handeln, grundsätzlich voreingenommen sind. In Kenntnis solcher Doppelgesichtigkeit von Interaktion (Gleichzeitigkeit von Inhalts- und Beziehungsaspekt) sind Führungskräfte gehalten, in Konflikten und Diskussionen grundsätzlich zu deeskalieren. Dies gelingt ihnen am besten, wenn Sie nicht sofort urteilend Position beziehen, sondern die einzelnen Vorschläge zunächst sachlich, d.h. auf der Basis von Daten und nachprüfbaren Sachverhalten, analysieren. Dadurch trägt Führung auch zu einem Klima bei, in dem eine Routine der Sachlichkeit entsteht, in der grundsätzlich jeder Vorschlag als prüfenswert angesehen wird. Indem so über Jahre gelernt wird, dass es nicht (allein) auf die soziale Unterstützung, die mobilisiert werden kann, ankommt, sondern auf die inhaltliche Qualität der Argumente. Auch diese Sachlichkeitsorientierung ist eine schwer zu beherrschende Führungseigenschaft. Sie darf jedoch wiederum nicht so realisiert werden, dass die Führungskraft sich als die kalt und nüchtern agierende Letztinstanz für unternehmerische Entscheidungen inszeniert, dabei aber ungeliebt und sozial isoliert bleibt. In der Tendenz muss es vielmehr darum gehen, nach außen hin gelassen mit der etwas ärgerlichen, aber normalen Tatsache umzugehen, dass Menschen eben nicht anders können, als Sachfragen auch ein Stück weit leidenschaftlich und emotional zu sehen. Deshalb kommt es darauf an, sich durch Emotionen nicht täuschen und beeinträchtigen zu lassen. Eine entsprechende Führung versteht sich nicht als Letztinstanz für Sachlichkeit, sondern als Deeskalierer und Argumentesucher.

Wie können Führung und Personalentwicklung zur Transformation von festgefahrenen Deutungsmustern und Interpretationsgewohnheiten anregen?

■ „Zähme deinen Blick", d.h. erkenne die Konstruktivität, Interpretationsgebundenheit und damit Relativität deiner eigenen Vorstellungen und Vorschläge!

■ Es gibt keine Wahrheiten, sondern nur Ansichten, keine Abbilder der Wirklichkeit, sondern nur Konstruktionen – entscheidend ist deshalb allein die pragmatische Brauchbarkeit bzw. Gangbarkeit (Viabilität) von Vorschlägen.

■ Kümmere dich um die geteilte Wissensbasis deines Bereiches! Rekonstruiere die dort „gültigen" Gebrauchstheorien („theories in use", „cognitive maps")!

■ Biete Foren und Lernanlässe zur – freiwilligen – Rekonstruktion, Diskussion und Reflexion unterschiedlichster Vorstellungen, Modelle und Konzepte („Deutungswerkstatt – Wie geht es weiter?")!

■ Plädiere defensiv-forschend und lege dein Schwergewicht auf die Erkundung fremder Standpunkte! Sei hellhörig!

■ Entwickle ein Klima der Sachlichkeit und Argumentation!

Interpretation –

Alles ist Deutung!? – Unternehmenskulturen
können nicht gemacht werden

Interpretation –

Alles ist Deutung!? – Unternehmenskulturen können nicht gemacht werden

Nicht erst durch den so genannten Konstruktivismus wurde die These von der prinzipiellen Konstruktivität der Wirklichkeit für die Sozialwissenschaften und ihre Konzepte wesentlich. Schon zuvor gab es philosophische und pädagogische Ansätze, die darauf hinwiesen, dass Menschen „im Modus der Auslegung" (vgl. ARNOLD U.A. 1998) leben und dass deshalb ihr Handeln nur aus ihrer Perspektive heraus verstanden werden kann. Hinter diesem Gedanken verbirgt sich darüber hinaus ein durchaus ur-soziologisches Konzept, hatte doch bereits MAX WEBER die Auffassung vertreten, dass soziales Handeln ein „sinnhaft motiviertes Handeln" sei, wobei im konkreten Fall die Frage nach dem, was denn nun der Sinn eines Handelns sei, uns auf sehr Unterschiedliches, Konstruktives und bisweilen äußerst Subjektives verweist. Menschen handeln

> **Soziales Handeln ist ein sinnhaft motiviertes Handeln.**

in der Logik ihres eigenen Universums. Ihre Handlungslogik ist dabei aus sich selbst heraus vernünftig, sie kann bisweilen nur in Teilen von Außenstehenden nachvollzogen werden. Und in dieser Deutungsgebundenheit sozialen Handelns liegt auch die Paradoxie begründet, dass Menschen sich eigentlich häufig eher nicht verstehen, ständig mehr oder weniger aneinander vorbei reden und – überraschenderweise – dabei doch ganz erstaunliche Kooperationserfolge zuwege bringen.

Wenn im Folgenden diesem Normalfall „Leben im Modus der Auslegung" nachgespürt werden soll, so geschieht dies nicht mit der Absicht, auf Defizite menschlicher Kommunikation hinzuweisen. Es geht vielmehr darum, den Normalfall genauer kennenzulernen, ein Projekt, dass gerade für Führungskräfte und Personalentwickler von grundlegender Bedeutung ist. Diese haben es nämlich mit den Menschen unmittelbar zu tun. Ihre Aufgabe ist es – so könnte man unter Anknüpfung an das bisher Gesagte feststellen – Mitarbeiterinnen und Mitarbeiter zu gemeinsamen Sinnmotivationen zu führen, eine Aufgabe, die man deshalb auch als „Sinnmanagement" überschreiben könnte, wenn diese Bezeichnung nicht allzu technokratisch und instrumentalistisch klingen würde. Es geht eher um etwas anderes. Zum einen ist es sicherlich notwendig und erforderlich, mit weniger Entschiedenheit um Weltsichten zu streiten und seine eigenen Gewissheiten etwas vorläufiger zu sehen, zum anderen ist auch im Umgang mit den Weltsichten anderer eine größere Gelassenheit angezeigt.

Diese Überlegungen bedeuten allerdings nicht, dass alles sich in Relativität auflösen müsste. Zwar handeln Menschen auf der Grundlage ihrer je subjektiven Erfahrungen, die sich in ihrem Lebenslauf zu Deutungsmustern verdichtet haben, doch ist gemeinsames Handeln auch auf eine zumindest partiell geteilte Sinnbasis angewiesen – ein Sachverhalt, der in der Unternehmenskulturdebatte der 80er und 90er Jahre deutlich ins Bewusstsein gerückt worden ist. Führungskräfte sind deshalb in einer doppelten Weise mit dem „Leben im Modus der Auslegung" konfrontiert: Sie müssen einerseits erkennen, warum und wie Menschen (einschließlich ihnen selbst) in ihren Deutungsmustern gefangen sind, andererseits müssen sie Möglichkeiten geteilter Deutung und Sinnorientierung schaffen. Beide Einsichten verhelfen ihnen zu einer „handwerklicheren" Sicht der Wirklichkeit. Sie sind dann in der Lage, den Kampf um die Wahrheit aufzugeben und sich selbst sowie andere als Arrangeure von Deutungsmustern bzw. als „Bastler" eigener Wirklichkeiten zu sehen.

Deutungsmuster – Gefängnis oder Sinnstützen?

Was sind Deutungsmuster? Dieser Begriff entstammt der sozialpsychologischen, soziologischen und pädagogischen Debatte. Er bezeichnet den Sachverhalt, dass Menschen über einen Bestand an Perspektiven und Routinen zur Deutung und Interpretation von Situationen verfügen. Der Einzelne wägt in einer Situation nicht jeweils erneut ab, was diese Situation bedeutet, was sie von ihm erwartet und wie er sich am besten ihr gegenüber verhalten sollte, er verfügt vielmehr über ein Alltags- und Routinewissen, auf das er zurückgreifen kann.

Dieses Alltagswissen ist strukturiert; es setzt sich aus Deutungsmustern zusammen. Diese Deutungsmuster werden durch Erfahrung gelernt. Dabei kann man davon ausgehen, dass es insbesondere die

frühen sozialen Erfahrungen sind, die wesentliche Grundorientie-
rungen anbahnen. So wissen wir z.b. aus kulturanthropologischen
Untersuchungen, dass die Geborgenheitserfahrung, die bereits der
Säugling sammeln kann, auch dafür grundlegend sind, welche
Haltungen er als erwachsener Mensch in offenen und unstruktu-
rierten Situationen einzunehmen in der Lage ist. Ähnliche Hinweise
gibt es aus der Forschung über die Entstehung moralischer oder
politischer Orientierungen. Auch diese werden im Sozialisationspro-
zess sehr früh erworben, sie prägen die Basispersönlichkeit („basic
personality") und sind auch durch spätere Erfahrungs- und Lernprozesse am schwierigsten zu verändern.

Deutungsmuster sind somit die geronnenen sozialen Erfahrungen
von Menschen. Interpretationen und Verhaltensweisen, die sich
bewährt haben, werden auf gleiche oder ähnliche Situationen
übertragen. Bewähren sie sich erneut, so werden sie verfestigt, erweisen sie sich als unzureichend, werden sie weiterentwickelt oder transformiert. Gleichwohl wohnt den Deutungsmustern eine gewisse
Starrheit inne. Sie sind konservativ. Dies bedeutet, dass Menschen
in der Regel darum bemüht sind, an ih-
ren gelernten Weltsichten und Interpretationen festzuhalten, sind ihnen diese doch
vertraut und helfen sie ihnen doch, ihre
Welt so zu interpretieren, dass eine mehr
oder weniger konsistente Wirklichkeit ent-

> **Deutungsmuster sind die
> geronnenen sozialen
> Erfahrungen von Menschen.**

steht. Deutungsmuster sind so auf Kontinuität angelegt. Was für
den einzelnen Vertrautheit und Gewissheit gewährleistet, kann für
ein Unternehmen aber auch eine Gefahr darstellen. Das Bemühen
um Kontinuität der Sichtweisen kann nämlich zu Lasten einer
adäquaten Interpretation neuer Anforderungen und neuer Problemlagen gehen. Die Stabilität und Kontinuität von Deutungsmustern,
um die sich das Individuum ständig bemüht, wird somit durch den
beständigen Wandel der betrieblichen und privaten Anforderungen
nachdrücklich konterkariert und in Frage gestellt. Und es spricht
einiges dafür, dass der erfahrene Mensch, der weiß, was er will und
sich durch nichts so schnell aus der Ruhe bringen lässt, nicht mehr
identisch ist mit dem Menschen, der in kontinuierlichen Wandlungsprozessen beständig um die Stabilität und Kontinuität seiner
Deutungsmuster ringt

Deutungsmuster treten häufig in zu Redensarten geronnenen Formeln zutage, wie z.b. „Jeder ist seines Glückes Schmied!", „Müßiggang ist aller Laster Anfang!" oder „Politik ist ein schmutziges Geschäft!" Mit solchen Formeln wird Eindeutigkeit hergestellt und soziale Komplexität reduziert. Hierin liegt ein deutlicher Vorteil dieses „Tricks des Bewusstseins", mit Deutungsmustern zu operieren. Da ähnliche Lebenskontexte auch zu ähnlichen Deutungsmustern führen, lassen sich milieu- oder schichttypische Deutungsmuster ausmachen, was bis in die 70er Jahre hinein Anlass war, von arbeiter- und angestelltentypischen Deutungsmustern zu sprechen. Zwar geht die Soziologie heute davon aus, dass die moderne Gesellschaft nicht mehr durch unterschiedliche „Schichten" geprägt wird, sondern vielmehr in Milieus zerfällt, die auch quer zu einzelnen Gesellschaftsschichten angesiedelt sind, doch lassen sich auch heute noch dichotomische soziale Selbst- und Fremddeutungen identifizieren, wie z.b. „Ihr da oben – wir dort unten!" Auch die moderne „Erlebnisgesellschaft" zerfällt in „Deutungsgemeinschaften" (SCHULZE 1992, S. 224).

Solche milieu- oder schichtspezifischen Formen des Bewusstseins erschweren aber auch die Kommunikation sowie die Kooperation zwischen Menschen aus unterschiedlichen Lebenswelten. Hieraus ergeben sich gerade für Unternehmen Kommunikationsprobleme. So kann es durchaus sein, dass rigidere Autoritätsorientierungen („Ihr da oben") mit Selbstzuschreibungen („Wir dort unten") einhergehen, die Selbstführung erschweren und selbst gesteuertes Arbeiten in Gruppen nahezu unmöglich machen. Bei der Veränderung von Arbeitsstrukturen müssen solche Deutungsmuster deshalb durch geeignete Lern- und Erfahrungsprozesse aufgeweicht und differenziert werden. Ähnliches gilt für Deutungsmuster bezüglich des eigenen Lernens und der eigenen Bildung. So hatte man in früheren Untersuchungen schichtspezifische Deutungsmuster zum Wert von Bildung identifiziert, in denen gewissermaßen spiegelbildlich die eigenen biographischen Erfahrungen mit Bildungserfolgen zum Ausdruck kamen: Diejenigen, die in ihrem Leben erfahren haben, dass Bildungsteilhabe sie „nach oben" gebracht hat, haben das Deutungsmuster entwickelt, dass Bildung sich lohnt. Andere, deren Bildungskarrieren früher zu Ende waren, haben demgegenüber eher die Lesart entwickelt, dass Bildung zwischen „oben" und „unten" in einer Gesellschaft differenziert. Diese unterschiedlichen

Bildungsorientierungen, die in recht gegensätzlichen Deutungsmustern zur Bildung ihren Ausdruck finden, verdeutlichen die grundsätzliche Schwierigkeit, vor denen Unternehmen auf dem Weg in die Weiterbildungsgesellschaft stehen. Sie müssen nach Möglichkeiten und Wegen suchen, um eher bildungsdistanzierte Deutungsmuster zu verändern, um nach Möglichkeit Menschen aller Milieus für das lebenslange Lernen zu gewinnen. Diese Beispiele zeigen deutlich, dass Deutungsmuster nicht nur Sinnstützen sind, sondern man auch in ihnen gefangen sein kann.

Aus diesem Grunde ist für die Führung und Personalentwicklung die Frage wichtig, durch welche Aktivitäten die Starrheit von Deutungsmustern und das „Gefangensein" in denselben überwunden werden können. Ist eine Gegen- bzw. Umsozialisation gewachsener Deutungsmuster möglich? Können Mitarbeiterinnen und Mitarbeiter ihre z.T. tief verwurzelten Deutungsmuster transformieren? Diese Fragen werden in der Erwachsenenbildungsforschung bereits seit den frühen 80er Jahren untersucht. Dabei wurde u.a. herausgefunden, dass die tief liegenden Deutungsmuster, die dem Einzelnen zumeist auch überhaupt nicht „reflexiv verfügbar" sind, durch Lernprozesse eigentlich kaum wirklich freigelegt und verändert werden können. Dort, wo Weltsichten und Handlungsorientierungen unmittelbar mit dem Charakter des Einzelnen und seinen persönlichen Eigenarten zusammenhängen, können tief greifende Veränderungen nur selten erreicht werden. Zumeist geschehen diese im Zusammenhang mit grundlegenden Identitätskrisen, in denen der Einzelne gezwungen ist, seine Selbstbeschreibungen sowie seine Deutungsmuster zu revidieren. Da eine solche Krisenhaftigkeit der Identitätsentwicklung aber nicht generell unterstellt werden kann, muss über andere Möglichkeiten eines Deutungslernens nachgedacht werden.

Dabei gewinnen alle die Interventionen und Arrangements in Lern- und Beratungssituationen an Bedeutung, die dazu dienen, gewohnte Abläufe zu irritieren und schnelle sowie selbstsichere Deutungen zu hinterfragen. Diese systematischen Irritationen können bereits die übliche Sitzordnung in einem Seminar betreffen, sie können aber auch darin zum Ausdruck kommen, dass man Fragen der Teilnehmer zum Seminar-

Für die Personalentwicklung ist die Frage wichtig, wie die Starrheit von Deutungsmustern bei Mitarbeitern überwunden werden kann.

prozess dazu benutzt, zu analysieren, welche Erwartungen und Selbstbilder in einer solchen Fragestellung selbst bereits zum Ausdruck kommen, bis hin zu der Überlegung, dass über provozierende Feedbacks Teilnehmerinnen und Teilnehmer in einem Seminar zum Nachdenken über eigene Deutungsmuster und deren Angemessenheit „gezwungen" werden (vgl. SCHÜßLER 2000). Für ein solches konfrontatives Lernen ist es jedoch erforderlich, dass die jeweiligen Dozenten über eine entsprechende Ausbildung verfügen. Dabei müssen sie auch – ähnlich, wie die praktizierenden Psychoanalytiker – zunächst Klarheit über ihre eigenen Deutungsmuster erhalten. Denn nichts ist fragwürdiger als ein Deutungslernen, welches von den Deutungsmustern eines unreflektierten Dozenten geleitet wird. Führungskräfte sind als Leiter für ein solches Konfrontationslernen in aller Regel ungeeignet, was jedoch nicht bedeutet, dass Konfrontations- und Deutungslernen nicht auch und gerade ein geeignetes Verfahren sein kann, um die eigenen Deutungsmuster über Führung und Kooperation zu erkennen, zu hinterfragen und zu transformieren.

Unternehmenskultur – geteilte Deutungsmuster

Eine weitere Ebene, auf der die Deutungs- und Interpretationsgebundenheit sowie die sinnhafte Motivierung von Handeln zum Ausdruck kommt, ist der so genannte Unternehmenskulturansatz. Dieser Ansatz, der in den 80er Jahren Furore machte, stellte sehr nachdrücklich heraus, dass der Erfolg von Unternehmen nicht aufgrund ihrer technologischen oder organisatorischen Effizienz zustande kommt, sondern aufgrund der so genannten „weichen" Unternehmensfaktoren. Diese weichen Faktoren beinhalten das, was normalerweise im Verborgenen bleibt. Durch zahlreiche Eisberg-Modelle hat man versucht, diesen Sachverhalt zu veranschaulichen. Wie bei einem Eisberg das Wesentliche und eigentlich Tragende unter der Wasseroberfläche verbleibt (sechs Siebtel) und der nur kleinere und eigentlich unwesentlichere Teil sichtbar ist, so verhält es sich auch in einem Unternehmen: Das Wesentliche sind das Vertrauen, die Beziehungen, das sozial-emotionale Klima, die gelebte Kundenwertschätzung, die ungeschriebenen Gesetze, die Werte usw. Es sind demnach gerade die nicht-ökonomischen Aspekte der betrieblichen Leistungserbringung und Kooperation, die der Unternehmenskulturansatz in den Vordergrund rückt.

Zwar bestreitet auch der Unternehmenskulturansatz nicht, dass ein Unternehmen
Erfolg haben muss, um weiter am Markt
bestehen zu können. Er verweist aber darauf, dass es gerade bei hart umworbenen

> **Unternehmenskultur
> ist ein „sur plus" im
> Wettbewerb.**

Märkten ein „sur plus" gibt, welches darüber entscheidet, welches
der betriebswirtschaftlich erfolgreichen Unternehmen am Markt
verbleibt und welches nicht. Dieses „sur plus" ergibt sich nicht aus
den sichtbaren Ablauforganisationen, den hierarchischen Strukturen oder dem Maschinenpark der Firma, sondern aus einer sicht-
und spürbar gelebten Unternehmenskultur. Eine sichtbar gelebte
Unternehmenskultur erfüllt nach NEUBERGER und KOMPA eine fünffa-
che Funktion, zu deren Illustration sie das Kunstwort ELITE entwik-
kelt haben (NEUBERGER/KOMPA 1987, S. 20):

▓ ver-Einigen	Gemeinschaft, Einheit, Wir-Gefühl schaffen,
▓ ver-Lebendigen	Revitalisieren, aktivieren, entkalken, erneuern, begeistern.
▓ ver-Innerlichen	Außensteuerung durch Innensteuerung ersetzen, mentale Programmierung, Verwertung.
▓ ver-Tiefen	Hinter die Kulissen sehen, die „objektive" Wirklichkeit dechiffrieren und deuten, Sinn suchen und geben.
▓ ver-Ewigen	Den Bezug zu Tradition und Geschichte herstellen und in Routine oder Ritualen verfestigen, verdinglichen, automatisieren.

*Abb. 5:   ELITE – die Funktionen einer gelebten Unternehmenskultur
(nach: NEUBERGER/KOMPA 1987)*

Diese Funktionen können nur schwer „absichtsvoll" hergestellt
werden. Gleichwohl lassen sich durch Führung einige Verbesserun-
gen erreichen. Zunächst müssen Führungskräfte aber erkennen, dass
jedes Unternehmen bereits eine Unternehmenskultur hat, wenn auch
eine schlechte, d.h. unlebendige. Zu der Frage, wie aus einer schlech-
ten Konkurrenz- und Misstrauenskultur, in der jeder jedem miss-

traut und alle versuchen, „ihr Schäflein ins Trockene zu bringen", eine lebendige Vertrauenskultur werden kann, wurden zahlreiche Vorschläge entwickelt, die sämtlich darauf hinauslaufen, die Zielklarheit im Unternehmen oder in der Abteilung zu erhöhen („Alle müssen wissen, worum es geht") und diese Ziele durch ein Klima der Begeisterung „lebendig zu leben". Häufig kommt einem dabei die Firmentradition zugute. Zahlreiche Firmen, denen eine gute Unternehmenskultur nachgesagt wird, leben von den „Heldengeschichten", die sich um ihre Firmengründer ranken, wie folgendes Beispiel zur Politik des „offenen Materiallagers" von Hewlett Packard in Santa Rosa zeigt:

„Die Politik des offenen Materiallagers heißt nun, dass die Ingenieure nicht nur freien Zugang zu den Vorräten haben, sondern ausdrücklich aufgefordert werden, sich daraus auch für den persönlichen Gebrauch zu Hause zu bedienen! Der Grundgedanke dabei ist, dass die Ingenieure, selbst wenn sie das Material nicht für ihr derzeitiges Projekt verwenden, auf jeden Fall im Umgang damit etwas lernen – und dass das alles dem Innovationsgeist des Unternehmens zugute kommt. Eine Anekdote berichtet, dass Bill (Hewlett) an einem Samstag ins Werk kam und das Materiallager verschlossen fand. Er ging sofort in die Reparaturabteilung, griff sich einen Bolzenschneider und entfernte das Vorhängeschloss von der Tür. Er hinterließ einen Zettel, den man am Montagmorgen fand: Diese Tür bitte nie wieder abschließen! Danke. Bill" (PETERS/WATERMANN 1986, S. 283 f.).

Dieses Beispiel veranschaulicht zum einen, was sichtbar gelebte Unternehmenskultur – in einer allerdings etwas patriarchalen Weise – bedeutet. Zum anderen wird aber auch deutlich, dass auch moderne Unternehmen dazu neigen, einige ihrer Leitprinzipien mit solchen Heldengeschichten zu veranschaulichen. Durch solche Bildhaftigkeiten und gemeinsamen Mythen inszenieren Unternehmen sich als Sinngemeinschaften, deren Mitglieder – zumindest in den wichtigen Fragen – durch gemeinsame Leitgedanken, Wertorientierungen und Maximen geleitet werden. Zwar kann man dabei auch durchaus Gemeinsamkeiten zu Stammesgemeinschaften feststellen – auch diese werden durch gemeinsame Normen, Mythen und Überlieferungen sozial integriert –, doch darf

Durch Heldengeschichten und Mythen werden Unternehmen zu Sinngemeinschaften.

man dabei nicht übersehen, dass die moderne Gesellschaft sehr viel wertpluralistischer angelegt ist als es das soziale Umfeld solcher früh- kultureller Lebensformen war. Menschen leben heute in einer indi- vidualisierten Welt. Dies bedeutet, dass sie zwar weiterhin Überzeu- gungen, Wertorientierungen und geteilte Deutungsmuster benöti- gen, doch sind diese eben sehr individuell arrangiert. Während das gesellschaftliche Umfeld früher mit der Macht aller Sanktionsmög- lichkeiten dafür sorgen konnte, dass die sozialen Normen und Er- wartungen (von Kirche, Dorfgemeinschaft usw.) erfüllt wurden, ist dies in den modernen Gesellschaften nicht mehr denkbar. Im Ge- genteil: Der Einzelne sucht sich im Extremfall seine Bezugsgruppen und Sozialkontakte so aus, dass diese zu seinen sozialen Orientie- rungen passen.

Ähnliches lässt sich auch bei modernen Unternehmen beobachten. Diese werden – besonders auf der Ebene der besser qualifizierten Arbeitnehmer – ausgesucht bzw. „hinzuoptiert", d.h. man sucht sich einen Arbeitgeber, dessen Image und Produktpolitik zu den eigenen Orientierungen passen: So wird es in einigen gesellschaft- lichen Milieus z.B. schlichtweg nicht mehr akzeptiert, wenn man in einem Unternehmen tätig ist, dessen Ökobilanz problematisch ist. Und Chemiebetriebe, die hoch qualifizierte Fachkräfte für sich in- teressieren wollen, um im Qualitätswettbewerb bestehen zu kön- nen, müssen sich mittel- und langfristig darum bemühen, ihre Produktion sowie ihre Firmenpolitik an den gewandelten Wertvor- stellungen der gesellschaftlichen Milieus zu orientieren. Solche Ten- denzen, die sicherlich noch nicht auf breiter Front, aber doch in Ansätzen beobachtbar sind, verdeutlichen, dass es nicht nur die Integration des Einzelnen durch die betriebliche Unternehmenskul- tur gibt, sondern vielmehr – als zunehmend wichtigeren Trend in den Individualisierungsgesellschaften – auch die Beeinflussung unternehmerischer Leitbilder und Kulturen durch die gewandelten Orientierungen der Gesellschaftsmitglieder.

Die Unternehmenskulturdebatte hat diese Wechselseitigkeit der Beeinflussung m.E. nicht deutlich genug herausgearbeitet. Ihre Theorien und Konzepte werden noch in zu starkem Maße von schlichten Vorstel- lungen à la „Stammesgemeinschaft" be-

Unternehmenskulturelle Vorstellungen à la Stam- mesgemeinschaften sind nicht mehr up to date.

herrscht, die zwar nicht falsch, aber gesellschaftstheoretisch nicht up to date sind. Es ist nämlich wenig realistisch, in einer Gesellschaft, in der die Individuen immer weniger durch überlieferte Moralvorstellungen und „große Erzählungen" (z.b. Christentum) geleitet werden, sondern gehalten sind, sich ihre Orientierungen selbst zu stiften, plötzlich den Unternehmen eine Integrationsfunktion zuzuschreiben, die in Anbetracht des allgemeinen Zerfalls an Sozialisationsmechanismen doch etwas übertrieben anmuten muss. Und wenig realistisch sind dabei insbesondere Vorstellungen, die mit totalitären Machbarkeitshoffnungen einhergehen und unterstellen, Führungskräfte könnten Unternehmenskulturen „machen" bzw. „herstellen", es käme dabei nur auf die sichtbar gelebte Mitarbeiter- und Kundenorientierung durch die Führungskräfte an. Die eigentlich paradoxe Konstellation, dass moderne Unternehmen eben beides benötigen, nämlich Vielfalt und Integration, und dass das Zulassen von kultureller Vielfalt vielleicht gerade der zeitgemäße Ausdruck unternehmenskultureller Leitbilder sei, wurde in der Unternehmenskulturdebatte lange Zeit weitgehend übersehen.

Diese Hinweise sollen nicht infrage stellen, dass ein Grundbestand an gemeinsamen Orientierungen und Werten eine notwendige Bedingung für die bessere Integration von Unternehmen sei. Doch muss darauf hingewiesen werden, dass dieser Grundbestand die Mitarbeiterinnen und Mitarbeiter nicht „mit Haut und Haaren" definiert, wie der Vergleich mit Stammesgemeinschaften suggerieren mag. Es ist vielmehr paradoxerweise so, dass Menschen mit auch unterschiedlichen kulturellen Orientierungen sich nur dann „sichtbar gelebt" an der Entwicklung einer unternehmenskulturellen Basis beteiligen werden, wenn diese gerade nicht wertfestlegend, sondern wertoffen gestaltet ist. Solche wertoffenen Leitwerte sind sicherlich die, die ihrerseits auf optimale Selbstverwirklichung und Bedürfnisbefriedigung gerichtet sind. Kundenorientierung ist ein solcher Wert. Es gibt aber auch andere unternehmenskulturelle Leitwerte, die sich so charakterisieren lassen. Einer genauen Betrachtung kann nicht verborgen bleiben, dass die Unternehmenskultur-Leitbilder, die von zahlreichen Firmen in den letzten Jahren entwickelt worden sind, sämtlich durch solche universell definierten Selbstverwirklichungsansprüche (Mitarbeiter und Kunden sollen sich bzw. ihre Erwartungen verwirklichen können) gekennzeichnet sind. Übergreifende Kulturkonzepte können – was hierin deutlich wird – heute nur noch über Leitwerte definiert werden, die keinen ausschließen. Dass diese Leitkonzepte dann notwendig allgemein und bisweilen banal sind, ist ein anderes Thema.

Wichtig ist aber, dass die Soll-Kulturen, die in den letzten Jahren definiert worden sind, allgemeine Rahmungen schaffen, unter denen sich ganz unterschiedliche Abteilungskulturen, aber auch unterschiedliche Wertbindungen Einzelner realisieren lassen. Und so erhält die ganze Thematik auch wieder eine realistische Wende: Unternehmen haben erkannt, dass es orientierend wirkt, wenn man bekennt, welchen Werten man sich in seiner Arbeit nach innen und außen verpflichtet fühlt. Da sie aber in einer Individualisierungsgesellschaft operieren, können sie nicht anders als sich auf Leitwerte zu verpflichten, die dem Individualisierungstrend selbst verpflichtet sind („Selbstverwirklichung"). Da dabei alle integriert und keiner ausgeschlossen werden soll, sind die entwickelten Leitbilder häufig sehr allgemein.

Die Unvollständigkeit der Unternehmenskulturdebatte führte dazu, dass die Unternehmen den Begriff der Unternehmenskultur in einer eher schlichten Variante aufgegriffen haben. Zunächst einmal reklamierte – nicht ganz zu Unrecht – jedes Unternehmen, dass es bereits eine Unternehmenskultur habe, was ja selbst dann stimmt, wenn es sich dabei auch um die Kultur eines toten und unvernetzten Nebeneinanderherwirkens handelt. Gemeint war dies natürlich nicht. Man reklamierte den Begriff der Unternehmenskultur vielmehr mit der eindeutigen Unterstellung, dass die eigene Unternehmenskultur bereits den Maßstäben Lebendigkeit, Mitarbeiterorientierung sowie Kundenorientierung entspräche, ließ sich von Beratern teure Unternehmensleitbilder fertigen, die man beschließen, drucken und an die Mitarbeiter verteilen konnte. Dass diese Soll-Kultur den Mitarbeitern äußerlich blieb, von ihnen als übergestülpt und wenig authentisch erlebt wurde, braucht nicht weiter ausgeführt zu werden. Es erging hier dem Unternehmenskulturansatz so wie den zahlreichen „Lektionen", die selbst ernannte Managementberater in regelmäßigen Abständen immer mal wieder den Unternehmen zumuten, was erstaunlicherweise bisweilen aber auch dazu führt, dass diese Ansätze aufgegriffen und zur rhetorischen Überformung der eigenen Praxis verwandt werden.

Bei der Rezeption des Unternehmenskulturansatzes wurde bisweilen auch über das Ziel hinausgeschossen. Dies war vor allem dann der Fall, wenn man die Sinnorientierung der Mitarbeiterinnen und Mitarbeiter in einer trivialen Form (z.B. durch Corporate-Identity-Merkmale, gemeinsame Aktionen) für beeinflussbar hielt. Diese Bemühungen mussten vor allem in den Bereichen der Restarbeitsplätze, mit deren Tätigkeiten man sich wirklich kaum identifizieren kann, als Zynismus und Verkitschung empfunden werden. Die vielfach beobachtbare Überbetonung der unternehmenskulturellen Dimensionen der Kooperation hat auch bisweilen den Blick dafür verstellt, dass zunächst strukturelle Veränderungen notwendig sind, damit überhaupt berechtigterweise auf die Identifikation mit der eigenen Arbeit und mit dem Unternehmen gebaut werden kann.

> **Erst durch die Integration von Struktur- und Kulturveränderungen können nachhaltige und tragfähige Unternehmensreformen ausgelöst werden.**

Dies bedeutet, dass es im eigentlichen Kern um die Veränderung der Arbeitsorganisation und der durch diese gegebenen Entfaltungsmöglichkeiten für die Mitarbeiterinnen und Mitarbeiter geht. Erst durch die Integration von Struktur- und Kulturveränderungen können deshalb wirklich nachhaltige und tragfähige Unternehmensreformen ausgelöst werden. Die Perspektive auf die Unternehmenskultur ist demnach eine ergänzende, aber keine ablösende Perspektive zur Unternehmensentwicklung, wenn es sich auch um eine m.E. wesentliche Ergänzung handelt.

Für die Führungskräfte ergibt sich aus der Unternehmenskultur-Perspektive zunächst die Notwendigkeit, sich von falschen Vereinheitlichungs-Phantasien zu lösen. Darüber hinaus müssen sie für die Ist-Kultur bzw. die Ist-Kulturen ihres Unternehmens sensibel werden. Sie müssen erkennen, dass Mitarbeiterinnen und Mitarbeiter sich auch in ihrer Arbeit realisieren wollen und dies auch bereits so weit wie möglich tun.

Wie können Führung und Personalentwicklung mit der Interpretations- und Deutungsgebundenheit von Wirklichkeit konstruktiv umgehen?

■ Menschen leben im Modus der Auslegung. Sie folgen der Logik ihrer eigenen Deutungsmuster. Deshalb: Gib den Kampf um das Rechthaben auf!

■ Deutungsmuster sind durch Erfahrung (Sozialisation) gelernt, sie sind teilweise tief in einer Person verwurzelt und auf Kontinuität angelegt.

■ Deutungsmuster sind Sinnstützen und Gefängnisse gleichermaßen. Durch die Starrheit von Deutungsmustern können Innovationen verhindert werden, weil sie nicht richtig erkannt oder anerkannt werden.

■ Lasse deine eigenen Deutungsmuster irritieren und setze dich bewusst neuen Erfahrungen aus. Organisiere für dein Team Möglichkeiten eines konfrontativen Deutungslernens, ohne dabei aber selbst als Führungskraft die Rolle des Dozenten oder Coaches zu spielen.

■ Unternehmenskulturen können nicht „gemacht" (i.S. von hergestellt) werden. Sie können sich nur – unter geeigneten Bedingungen – entfalten. Führungskräfte haben die Aufgabe, solche Bedingungen zu schaffen und dadurch Unternehmenskulturentwicklung zu ermöglichen.

Arrangement –

Voraussetzungen schaffen für Lernen und Wachstum

Arrangement –
Voraussetzungen schaffen für Lernen und Wachstum

Im Zusammenhang mit der Diskussion um das lebenslange Lernen tauchte in den letzten Jahren verschiedentlich immer wieder der Hinweis auf, dass die Erwerbstätigen ca. 80% ihres Berufswissens und ihrer beruflicher Kompetenz außerhalb der institutionalisierten Formen der beruflichen Aus- und Weiterbildung erwerben würden (STAUDT/MEIER 1996, S. 290). Ergibt sich hieraus nicht eine gewisse Ernüchterung der Didaktisierungs- und Vermittlungshoffnungen der beruflichen Aus- und Weiterbildung und der modernen Personalentwicklung, nach dem Motto: „Es kommt nur auf die bedarfsgemäße Planung und Didaktisierung der Programm- und Veranstaltungsangebote an?" War und ist es gerechtfertigt, dass die wissenschaftliche Beschäftigung mit Fragen der beruflichen Kompetenzentwicklung sich im deutschsprachigen Raum nahezu ausschließlich auf die Erforschung und Optimierung des *intentionalen Lernens* kapriziert hat, während ihnen das eigentlich relevante und prägende *Erfahrungslernen* weitgehend entging? Und hat man dabei nicht zu bereitwillig übersehen, dass Lernen und Aneignung immer wieder neu und in neuen Formen geschehen, weshalb eine vollständige Vorwegnahme dieser Prozesse mit einer Reglementierung des Lerners einhergeht.

Der Münchner Wirtschaftspädagoge PETER F.E. SLOANE schreibt dazu:

„Beides: die Fragwürdigkeit vollständiger kognitiver Planung und die Reglementierung des Lernsubjektes machen eine Abkehr von diesem Planungs- und Reglementierungsmodus unabdingbar. Daher gilt es, eine neue Sicht auf das Lernen zu gewinnen, in der die Lernenden die Protagonisten des Geschehens sind" (SLOANE 1999, S. 10).

So sehr man dieser Einschätzung zustimmen mag, so ist doch die insgesamt kritische Beurteilung der einschlägigen Forschung m.E. nur zum Teil gerechtfertigt. Zumindest gilt dies für die berufs- und erwachsenenpädagogische Forschung. War gerade die Berufsausbildung im Dualen System schon immer entscheidend geprägt durch das *Lernen und Üben am Arbeitsplatz* (vgl. MÜNCH 1977), so ist und war das *Erfahrungslernen* für die Erwachsenenbildung seit jeher eines ihrer

Leitprinzipien. Dies hat damit etwas zu tun, dass die Erwachsenenbildung sich historisch auf die Selbsthilfe- und Selbstaufklärungs-
Anstrengungen der Arbeiterbewegung zurückführen lässt und in der
so genannten Neuen Richtung der Erwachsenenbildung der Weima-
rer Zeit sich auch als bewusste Gegenbewegung zu den bildungs-
und vermittlungsorientierten Kopfschulen des Bürgertums verstand.
Bis in diese Zeit hinein lässt sich der Gedanke zurückverfolgen, dass
Erwachsene nicht als „Tabula rasa" zu den Lernprozessen der Erwachsenenbildung – bzw. damals: Volksbildung – kommen, sondern mit praller Lebenserfahrung, Vorein-
stellung und Deutungsmustern („Ich-Ge-
sichtswinkeln"). Das Lernen Erwachsener

**Erwachsene sind lernfähig,
aber unbelehrbar.**

könne – so die bis in die 20er Jahre zu-
rückragende Einsicht – nicht nur in der
Vermittlung „objektiven Wissens" bestehen, es komme vielmehr
darauf an, Perspektiven zu verschränken, d.h. die Erfahrungen und
Fragestellungen der Erwachsenen mit den Erklärungspotentialen von
wissenschaftlichem Wissen zu verknüpfen. In den 80er Jahren dieses Jahrhunderts wurde dieser erfahrungsorientierte Anspruch der
Erwachsenenbildung in ihrer Charakterisierung als „lebensweltbezogener Erkenntnisprozess" (SCHMITZ 1984) definiert, und neuere konstruktivistische Erwachsenenbildungskonzepte (vgl. ARNOLD/
SIEBERT 1995) haben uns nachdrücklich dafür sensibilisiert, dass Erwachsene zwar lernfähig, aber unbelehrbar sind – eine Einsicht, die
auch und gerade für Führung und Personalentwicklung in lernenden Unternehmen von grundlegender Bedeutung ist.

Dieser konstruktivistische Gedanke, dass Lehre nicht automatisch
zum Lernen führt, dass Lernen prinzipiell nur selbst gesteuert als
eine nachhaltige Kompetenzentwicklung gelingen kann und dass
Lehre auch Lernen behindern kann, hat dazu geführt, das vor-
nehmlich lehrorientierte Denken in der Didaktik grundsätzlich in
Frage zu stellen. Und auch und gerade in der beruflich-betriebli-
chen Bildung sucht man vor diesem Hintergrund nach einer *neuen
Lernkultur*, die – wie der Name schon sagt – eine *Lern-* und keine
*Lehr*kultur ist (vgl. ARNOLD/SCHÜßLER 1998). Bei dieser Suche wird
mehr und mehr die Fragwürdigkeit ausschließlicher Vermittlungs-
vorstellungen (Wissen vermitteln, Qualifikationen vermitteln usw.)
erkannt und man enthüllt recht schonungslos die technokratischen
Illusionen, auf denen diese *erzeugungsdidaktischen* Vorstellungen

unausgesprochen basieren, von denen die der Machbarkeit und Kontrollierbarkeit von Bildung, Qualifikation oder Kompetenz die wohl grundlegendste ist. Demgegenüber wird auf eine Integration von intentionalem und erfahrungsorientiertem Lernen hingearbeitet, nach dem Motto: Wenn es so ist, dass Menschen nur durch Selbstaneignung lernen und dass ihnen Wissen nicht „gegeben" werden kann, sondern sie dieses in ihrer Kognition selbst wiedererschaffen müssen – und hieran lässt die konstruktivistische Lehr-Lern-Forschung keinerlei Zweifel –, dann müssen unsere Aus- und Weiterbildungsansätze dies auch ermöglichen. Es kann dann eigentlich überhaupt nicht gelehrt oder geführt werden, es können lediglich „Situationen gestaltet" (SLOANE 1999) werden, die Selbstführung und Selbstaneignung ermöglichen. Aus diesem Grunde ist auch der Gedanke der strategischen Führung in Kooperations- und Lernprozessen durch den des *strategischen Arrangements* abzulösen. Während strategische Führung die Beteiligten bzw. Betroffenen zumeist ausblendet, schafft das strategische Arrangement für sie Möglichkeiten des Selbstlernens und der Selbstführung. In diesem Sinne stellt SLOANE fest:

„Die Vorstellung einer zeitlich auseinander fallenden Sequenz von Planung, Anwendung und Kontrolle ist zu korrigieren. Planung muss viel stärker als Reflexionsvorgang begriffen werden, der ein Teil der Anwendung ist. (...) Planung muss daher viel stärker als Vorbereitung und als Orientierung verstanden werden. (...) Pläne sind vorläufig, sie sind Anhaltspunkte für mögliche Wege. Der tatsächliche Weg ergibt sich erst im Gehen" (SLOANE 1999, S. 51 f.).

Die derzeit entstehende didaktische Diskussion um Lehr-Lern-Arrangements, um virtuelle Lernumwelten sowie um multimediale Infrastrukturen des Lernens sind

Neue Lernformen sind Ausdruck einer ermöglichungsdidaktischen Wende.

Ausdruck dieser ermöglichungsdidaktischen Wende in der Aus- und Weiterbildung (vgl. ARNOLD 1996) sowie in der betrieblichen Personalentwicklung. Bei dieser Wende geht es allerdings nicht um eine völlige Tabuisierung von Führung und Lehre. Ihr Ziel ist vielmehr eine intelligentere Nutzung der Ressourcen der Leitung. So soll sich die Funktion von Lehre nicht länger in einer – oft auch bloß verbalen – Präsentation von Inhalten erschöpfen, ihre Funktion ist vielmehr durch die Präsentation von

Aufgabenstellungen, das Zur-Verfügung-Stellen von „Wissenskon-serven" (Nachschlage-, Lehrbücher, Dateien usw.) gekennzeichnet. Der ermöglichungsdidaktische Lehrer oder Ausbilder verwaltet nicht länger mehr Inhalte, er eröffnet vielmehr Zugang zu denselben, managt Aufgaben- und Problembearbeitungen, fördert systematisch und kontinuierlich die Methoden- und Selbstlernkompetenz der Lerner und steht als Berater bei der individuellen Aneignung und kognitiven Verarbeitung von Neuem zur Verfügung (vgl. Müller 1996). Nur wenn es gelingt, die Lernverantwortlichkeit in dieser Form wieder dem Lernsubjekt zurückzugeben, wird es auch gelingen, lernende Organisationen aufzubauen. Das sind Organisationen des lebens-langen Lernens, in denen die Menschen ihre Arbeit und ihre Lern-prozesse selbstständig planen und – unter Nutzung hilfsbereiter Unterstützungssysteme – weitgehend autonom gestalten.

„Erwachsene sind lernfähig, aber unbelehrbar" (vgl. Arnold/Siebert 1995) – so hatten wir die Notwendigkeit einer Orientierung von Führung und Personalentwicklung an dem „Arrangement"-Gedan-ken zusammenfassend bestimmt und damit darauf hingewiesen, dass Führen und Lehren im Sinne des strategischen Arrangements gleichermaßen vom Gedanken der Gestaltungsfähigkeit leben (vgl. Sloane 1999, S. 53 f.). Deshalb muss es seltsam anmuten, wenn auf dem einschlägigen Büchermarkt immer wieder Oberlehrerhaftes daherkommt, wie etwa das Buch „Lektionen für die Chefetage" (Stiefel 1996)[1], in dem so getan wird als sei es möglich, universelle Rezepte für systemisch jeweils sehr besondere Situationen zu ent-wickeln. Da die Immunisierung gegen solche Ratgeber-Literatur ein wesentlicher Bestandteil moderner Führungskräftequalifizierung ist, soll im Folgenden am Beispiel des erwähnten Buches die ganze Fragwürdigkeit rezeptologischer Lösungen exemplarisch dargestellt werden.

Zwar geht es in diesem Buch von R.Th. Stiefel nicht um den selbst-geschaffenen Bereich der „Management-Andragogik" (vgl. ebd., S. 48 f.), sondern um die neue „Packung" des „Management De-velopments" – neumodisch abgekürzt: MD –, doch ist unüberseh-

---

1 Wenn ich im Folgenden in einem zugegebenermaßen deutlichen Ton dieses Buch kritisiere, geschieht dies auch gerade deshalb, weil Rolf Th. Stiefel in der Vergangenheit durchaus Wegweisendes zur Personalentwicklung und Führung von Mitarbeitern zu sagen hatte.

bar: Hier möchte einer „Lektionen" erteilen – wie der Titel verräterisch verspricht. Das mag zwar für das hinter dem Autor stehende Consultingunternehmen fruchtbar sein, gelingt es doch so eine Dauer(berater)abhängigkeit der betrieblichen Personalentwicklung zu zementieren, während doch genau in der Hilfe zur Aufgabe und Überwindung einer solchen Oberlehrer-Lernkultur und im Arrangement von Möglichkeiten der Selbstorganisation, der Selbsttätigkeit und der Selbsterschließung die Zukunftschance betrieblicher Führung und Personalentwicklung zu sehen ist.

Der Oberlehrergestus („Lektionen für das Management") geht einher mit platter Rezeptologie: Hier werden munter selbst gefertigte oder – was nicht immer ganz deutlich wird – übernommene bzw. in enger Anlehnung an eine englischsprachige Publikation formulierte (z.B. ebd., S. 63 ff.) Checklisten, Selbstbefragungs- und Einschätzungsbögen dargestellt, ohne dass der interessierte Leser über die unausgesprochenen Annahmen, die Grenzen oder – entsprechend der systemischen Wirkungszusammenhänge (vgl. 2. Kapitel) – die ungewünschten Nebenwirkungen eines Einsatzes dieser zumeist sehr einfachen Instrumente informiert wird. Vielmehr wird der Eindruck ihrer universellen Einsetzbarkeit erweckt, Begründungen durch Respekt einflößende Hinweise auf „Experten" (ebd., S. 21) ersetzt und eine auch nur ansatzweise Bezugnahme auf Debatten, Hinterfragungen oder Antithesen sowie ungewollte Nebenwirkungen oder gar die Vorläufigkeit von Deutungen unterlassen.

> **Führungskräfte sollten sich gegen platte Rezepte immunisieren.**

Besonders augenfällig wird diese ärgerliche Mischung aus Ignoranz und Wichtigtuerei bei STIEFELS – für die Konzeption des Bandes doch eigentlich zentralen – Ausführungen zur „strategieumsetzenden Personalentwicklung" (insb. ebd., S. 28 ff.): Hier wird eine „Krise der Personalentwicklung" beschworen, wobei durchaus Richtiges (ebd., S. 25: „Mitarbeiter und Führungskräfte zu lernenden Selbstläufern entwickeln") mit einer Art „Personalentwickler-Beschimpfung" – diese werden als „lern und entwicklungsunmündig" (ebd.) dargestellt – vermischt wird, um aus diesem Gebräu sodann genau das vorzubereiten, was der Autor in Abgrenzung von anderen doch so beredt kritisiert „Beutelschneiderei unter dem Siegel angemaßter Wissenschaftlichkeit" (ebd., S. 32). Oder wie anders ist es zu werten, wenn wiederholt beratungsanpreisende Formulierungen auftauchen, wie: „In diesem Prozess der Erfassung der zentralen Problemfelder und der wichtigsten zu bearbeitenden Zielgruppen in der gegenwärtigen Entwicklungsphase des Unternehmens kann ein Berater eine methodische Hilfestellung anbieten" (ebd., S. 34) – wobei nicht schwer zu erraten ist, wer dieser „kritisch hinterfragende Einzelberater" (ebd., S. 154) nach der Einschätzung des Autors sein sollte.

Wie gesagt: Vieles von dem, was in diesem Ratgeber-Buch vertreten wird, ist richtig, das meiste bekannt bis banal, so etwa, wenn die Frage aufgeworfen wird, „ob ein festgestelltes Defizit oder eine aufgezeigte Diskrepanz überhaupt als veränderungsnotwendiger Bedarf interpretiert werden muss und Trainings notwendig machen" (ebd., S. 33). Dabei wird so getan, als bestünde eine solche Gefahr heute bei ernst zu nehmenden Unternehmen überhaupt noch. Zumindest drängt sich die Frage nach der empirischen Erfahrungsbasis auf, die eine solche Äußerung rechtfertigt. Diese bleibt jedoch bei den fast völlig ohne Literaturbezug auskommenden Besinnungsaufsätzen dieses Buches in der Regel – und so auch hier – ungeklärt. Amüsant wirkt gegenüber solcher Ignoranz dann doch der pauschalisierende Seitenhieb auf die wissenschaftliche Szenerie, von deren Vertretern der Autor zu wissen glaubt, dass sie sich (alle?) i.d.R. „nur flüchtig mit einem Unternehmen einlassen" (ebd., S. 24) – wieder so eine selbstaufwertende Behauptung, die unbewiesen bleibt. Amüsant ist STIEFELS (Miss-)Verhältnis zur Wissenschaft auch deshalb, weil er selber bisweilen sehr wissenschaftlich „tut", dabei aber doch oft hilflos wirkt, etwa dann, wenn er seine praktisch interessierten Leser mit der unwichtigen Unterscheidung zwischen „genotypischem" und „phänotypischem Lernen" langweilt (ebd., S. 54) oder die durchaus umstrittenen JUNGschen Persönlichkeitstypen in einer Art Psychodilletantismus ins Spiel bringt (u.a. ebd., S. 88). Unwissenschaftlich sind auch die zahlreichen Pauschalierungen, etwa wenn er von den „Prozess-Softis aus der klinischen Psychologie" oder den „ABM-Pädagogen" (ebd., S. 140) spricht, denen er – ohne Ausnahme – attestiert, für die Maßgaben einer strategieumsetzenden Personalentwicklung völlig ungeeignet zu sein.

Noch ein weiterer Gesichtspunkt ist für das von STIEFEL vorgeschlagene Personalentwicklungskonzept kennzeichnend: die Ablösung des „Prinzips der Freiwilligkeit" (ebd., S. 35) der Weiterbildungsteilnahme. Das möchte er durch das Zwangsprogramm einer „strategieumsetzenden Weiterbildung" im Unternehmen ersetzt sehen. Was dabei durchscheint, ist das – rhetorisch neuverkleidete – Programm einer totalen Institution, in der „die Geschäftsführung oder ein aus oberen Führungskräften erweiterter Geschäftsführungskreis ein Schwerpunktthema (bestimmt)" (ebd., S. 35), welches dann für alle Pflicht ist. Ein solches traditionelles Zentralisierungskonzept kann wirklich nur jemand vorschlagen, der die amerikanische und europäische erwachsenenpädagogische Debatte um die Möglichkeiten eines wirklich nachhaltigen Erwachsenenlernens und ein „transformative Learning" der letzten Jahre verschlafen hat. Denn spätestens diese Debatten sowie die empirischen Untersuchungen zur Frage der Aneignung neuer Wissensstrukturen in Lernprozessen haben seit Jahren das Bewusstsein dafür geschärft, dass bei solchen Top-down-Pflicht-Programmen keineswegs das gelernt wird, was gelehrt und in Workshops verhandelt wird. Es gibt vielmehr ungewollte Nebeneffekte, wie z.B. die bei den Mitarbeitern ausgelöste Lernerfahrung „Auf uns und

Top-down definierte Weiterbildung entspricht einer traditionalistischen Konzeption.

unsere Lerninteressen und Kompetenzen kommt es nicht an", wobei kaum bestritten werden kann, dass die Vermittlung solcher Sozialisationserfahrungen kaum Ausdruck einer für die Zukunftsgestaltung relevanten Unternehmensstrategie sein dürfte. Denn: Wo sollen die Potentiale und die Kreativität der Mitarbeiter herkommen, wenn ihnen nicht gestattet wird, sich bei der Definition von Korridor- oder Schwerpunktthemen für die betriebliche Weiterbildung zu beteiligen? Und ist es nicht Ausdruck einer sehr traditionalistischen Weiterbildungskonzeption („in neuer rhetorischer Verkleidung"), wenn STIEFEL die top-down definierten Weiterbildungsthemen „kaskadenförmig von oben nach unten" (ebd., S. 36) bearbeiten möchte, womit er hinter den mit den Qualitätszirkeln und die QM-Debatte erreichten Stand der betrieblichen Weiterbildung zurückfällt? Indem der Autor zudem die erwähnten Anregungen einer konstruktivistischen Erwachsenendidaktik und Lerntheorie vollständig ausblendet und – wie bereits erwähnt – die entsprechende Wissenschaftsdebatte mit souveräner Ignoranz behandelt, bleibt er der naiven Illusion der Machbarkeit und Beherrschbarkeit von Lernen und Erfahrung verhaftet – ein Stand, der in der von ihm so

gerne geschmähten wissenschaftlichen Erwachsenenbildungslitera-
tur bereits Anfang der 80er Jahre überwunden worden ist. Ähnliches gilt für das in diesem Buch entwickelte Zerrbild der gewerk-
schaftlichen Absichten und Strategien in der betrieblichen Weiterbildung (ebd., S. 41 f.). Hier gibt es sicherlich Differenzierteres und
auch Praxisbezogeneres anzumerken als eine plumpe Verortung im
Schema „egalitär" versus „elitär".

Wenig weiterführend sind schließlich auch die Vorschläge und
Kommentare zum „Lernenden Unternehmen" und zum „Führungs-
training". Hier wird so ziemlich alles versäumt: Man vermisst eine
wegweisende Definition, die überzeugende Ableitung von Hand-
lungs- und Gestaltungsdimensionen sowie Hinweise auf die Frage
nach den Veränderungen für die Rolle der Personalentwickler oder
Weiterbildner im Unternehmen. Nichts von alledem wird hier entwickelt. Vielmehr wird der Leser mit recht diffusen Vorstellungen
über die Gestaltung eines „neuen offenen Programms" (ebd.,
S. 45 ff.) abgespeist, gekoppelt mit nichts sagenden Aktivismuspa-
rolen, wie: „Tun ist angesagt und nicht eine weitere Runde des
Redens über Tun" (S. 48). Was die „Führungstrainings" anbelangt,
so hätte man erwarten können, dass der Autor seine Erörterungen
in den Problemkontext des lernenden Unternehmens stellt und den
Zusammenhang von selbst organisierter Kooperation, Führung und
Moderation aufzeigt, was aber nicht geschieht. Stattdessen erfährt
der Leser, dass Führungskräftetrainings am besten „maßgeschnei-
dert" (S. 58 ff.) geplant und durchgeführt werden sollten – eine
Banalität aus der Personalliteratur der 70er Jahre; und auch aus der
richtigen – wenn auch nahe liegenden – Einsicht, dass „Führungs-
lernen im Wesentlichen auch über den erlebten Lernprozess erfolgt"
(S. 59), leitet Stiefel in ermüdenden Aufzählungen nur sehr allgemeine Formulierungen und undeutliche didaktische Folgerungen
ab und bleibt damit weit hinter den Anregungen der neueren Erwachsenendidaktik und -methodik zum selbst organisierten Lernen
(„Selfdirected Learning") zurück.

Geteilt werden kann die grundsätzliche Skepsis, die der Autor der
„Lektionen für die Chefetage" gegenüber der „ISO-Zertifizierungs-
welle" (ebd., S. 103) artikuliert, und auch was er zu der Fragwürdigkeit eigener Bildungszentren ausführt (ebd., S. 130) ist aktuell und
überzeugend, obgleich er auch die gegen ISO gerichtete Skepsis ziem-

lich apodiktisch in den Raum stellt, ohne zu erwähnen, dass hierzu Ähnliches bereits von anderen an vielen Stellen und empirisch begründeter geäußert worden ist. Gleichwohl muss man mit STIEFEL darauf hinweisen, dass die „echte Qualität eines Instituts" (ebd.) mehr mit der eigentlichen Professionalität als mit einer etwaigen ISO-Zertifizierung zu tun hat. Bei genauerer Betrachtung zeigt sich allerdings, dass STIEFEL doch von einem letztlich „soften Technokratismus" ausgeht. Und auch das Anforderungsprofil, mit dem er die Rolle eines strategieumsetzenden Personalentwicklers skizziert, enthält viele der so populären Glitzerbegriffe, doch kaum Hinweise darauf, wie eine solche spezifische Professionalität denn angebahnt werden kann, ganz zu schweigen von der Frage, ob Personalentwickler wirklich nur die Stiefelschen Anpassungskompetenzen benötigen oder nicht doch auch so etwas wie eine sozialwissenschaftlich angereicherte reflexive Gestaltungs- und Kritikkompetenz. Hierzu gibt es eine erdrückende Fülle von Literatur und Erfahrungen, auf die STIEFEL aber auch an dieser Stelle nicht eingeht, weshalb seine enumerative Aufzählung von Kompetenzen ein letztlich unterkomplexes Bild ergibt.

Insgesamt bleibt die Enttäuschung darüber, dass hier einer laut vorträgt, ohne eigentlich Neues zu sagen oder gar die relevanten Wissenschaften wirklich zu kennen.

Was bedeutet es, wenn Führungskräfte für das Strategische Arrangement von Lern- und Entwicklungsmöglichkeiten zuständig sind?

■ Erwachsene sind „lernfähig, aber unbelehrbar" (H. SIEBERT). Deshalb: Lebenslanges Lernen und Kompetenzentwicklung sind nicht „erzeugbar".

■ Strategische Führung ist zumeist Führung ohne Einbeziehung der Betroffenen. Deshalb: Löse das Konzept der Strategischen Führung durch das des Strategischen Arrangements ab. Strategisches Arrangement von Lern- und Entwicklungsmöglichkeiten schafft Räume für Selbstführung und Selbstlernen.

■ Gib die Lern- und Entwicklungszuständigkeit an die Subjekte zurück! Arrangiere Lernanlässe sowie Lerngelegenheiten und transformiere so die Lernkultur deiner Abteilung oder des Unternehmens vom Modell des „veranstalteten Lernens" zu dem Modell des „selbstgesteuerten Lernens"!

■ Immunisiere dich gegen die Einflüsterungen der Ratgeberliteratur, die Rezepte anpreisen und Beratung empfehlen. Denn: Rezepte sind nicht auf deinen konkreten Fall bezogen und mit der Beratung ist es wie mit den Psychopharmaka: Sie macht abhängig.

SANTIA

Gelassenheit –
In der Ruhe liegt die Kraft

Gelassenheit –

In der Ruhe liegt die Kraft

Mit dem Begriff der Gelassenheit wird eine Haltung beschrieben, die auch und gerade für den Umgang mit Komplexität von grundlegender Bedeutung ist. Führungskräfte, die komplexe Prozesse initiieren, steuern und begleiten sollen, müssen dies weniger planungsfixiert als vielmehr situationsgemäß tun. „Gelassenheit" bezeichnet dabei eine Kompetenz, dies aus einer inneren Ruhe heraus zu tun, in die auch die jahrelange Erfahrung erfolgreicher Prozessgestaltung eingeflossen ist. Im Folgenden werden die philosophisch-literarischen Vorarbeiten zu dieser Haltung exkursorisch dargelegt.

Gelassenheit ist ein großes Thema, eigentlich zu groß und zu traditionsbeladen, als dass man es en passant mit einer Collage von eigenen und fremden Gedanken, von undisziplinierten Assoziationen und Ideen-Leihgaben lediglich – wie dies im Folgenden getan wird – „streifen" dürfte[1]. Gelassenheit ist aber auch ein altes Thema und eigentlich zu alt, um es in modernistischer Manier in assoziativer Weise als Collage abzuhandeln. Eine seriöse Betrachtung der sich hinter der Chiffre „Gelassenheit" verbergenden Lebenshaltung würde es eigentlich notwendig erscheinen lassen, die philosophie- und geistesgeschichtlichen Untiefen, in denen diese Thematik wurzelt, gründlich auszuleuchten und von der Stoa, über die fernöstlichen Lehren, die Mystiker, die Theosophie der Barockzeit, die Pietisten, den Quietismus SCHOPENHAUERS und die „stolze Gelassenheit" NIETZSCHES bis zur HEIDEGGERSCHEN Existenzphilosophie der Gelassenheit fortzuschreiten (vgl. DIERSE 1974, S. 220 ff.). Eine solche Analyse würde zwar die wissenschaftliche Seriosität, aber wohl kaum die Lesbarkeit des folgenden Textes verbessern, ganz sicherlich aber auch die Kompetenz des Autors überfordern.

Wenn hier über die Gelassenheit als eine Lebenshaltung nachgedacht und in ihrer Bedeutung für professionelle Führung und Personalentwicklung entfaltet werden soll, so geschieht dies in dem Bewusstsein, dass Gelassenheit ein Thema ist, dessen Bedeutung

---

1 Überarbeitete Fassung meines erstmals 1993 erschienenen Beitrages.

einem selbst gerade auch im Spiegel des Fremdkulturellen und auch Vormodernen deutlich ins Bewusstsein tritt. Denn, was wir lernen müssen, ist vor allem, „die Vergangenheit in unsere Zukunft hereinzuholen":

„Die Suche nach dem Primitiven ist ein Versuch, eine ursprüngliche Möglichkeit des Menschen zu definieren. Ohne ein solches Modell wird es für uns immer schwieriger werden, die Welt, in der wir leben, zu verstehen und einen Ausweg aus ihrem pathologischen Zustand zu finden. Um uns selbst zu verstehen, müssen wir uns wieder auf die Grundbedingungen und die Unmittelbarkeit des menschlichen Lebens besinnen" (DIAMOND 1985, S. 93).

Dies ist leichter gesagt als getan. Was die Lebenshaltung der Gelassenheit anbelangt, so sind die Einsichten und Gedanken der Vergangenheit in unserer heutigen Zeit nicht sehr lebendig. Die historischen Spuren der Gelassenheit als einer bewusst und nachdrücklich gelebten produktiven Haltung sind verwischt. Nicht unberechtigt ist deshalb auch die Klage von W. LINDENBERG, der feststellt:

„Der Zustand der Gelassenheit ist seit einigen Jahrhunderten so weitgehend verschwunden, dass man, wenn man heute davon spricht, im Gesicht seines Gegenübers oft sieht, wie eine Leere des Unverständnisses es überzieht. Es gibt diesen Begriff weder in der Pädagogik noch in der Religion, auch nicht in der Sozialwissenschaft und eigentlich auch nicht mehr in der Philosophie" (LINDENBERG 1984, S. 14).

Es herrscht somit ein gewisser Bewusstseins- und Aktualitätsrückstand im Hinblick auf die Lebenshaltung der Gelassenheit. Dass der hier vorgenommene Versuch, diesen Rückstand etwas abzubauen gleichwohl keiner nur privaten Neigung, sondern gleichzeitig auch einer Zeitthematik nachspüre, zeigt u.a. PETER SLOTERDIJK, der in einer Sendung des RIAS-Berlin zum Thema „Sind wir zur Gelassenheit gezwungen?" die Gelassenheit gewissermaßen als eine postmoderne Lebenshaltung darstellt, die auf dem „Geheimnis des Nichtszu-sagen-Habens" basiert, einer „Kultur des Understatements" entspringt und Ausdruck einer „Utopie der Leichtigkeit, die auch eine Utopie der Überlegenheit enthält", ist. Gelassenheit ist für P. SLOTER-

> **Gelassenheit ist Ausdruck einer überaus konzentrierten und gereiften Lebensform.**

DIJK „eine seelische Errungenschaft, zu der man sich durchgearbeitet hat" (SLOTERDIJK 1988). Dieses „Nichts-zu-sagen-Haben" ist dabei keineswegs Ausdruck einer sozialen Teilnahmslosigkeit, „Wurstigkeit" und Indifferenz, sondern viel eher Ausdruck einer überaus konzentrierten und gereiften Lebensform, die auch und gerade für das erfolgreiche Handeln in komplexen Strukturen wesentlich ist. Diese Haltung findet ihren Niederschlag u.a. in dem Bemühen, sich mit den eigenen Interventionen und Verbalisierungen auf das wirklich Wesentliche zu beschränken. Insofern kann dieses „Nichts-zu-sagen-Haben" sehr wohl beredter Ausdruck einer tieferen Situationswahrnehmung sein als so manches dichte Alltagsgespräch, wie folgende Skizze aus den Tagebüchern von MAX FRISCH zeigt:

„Leute mögen ihn. Seine stille Art. Es gibt immer genug andere, die etwas zu sagen haben; meistens genügt es, dass man zuhört. Als Gast gehört er zu der Sorte, die sitzen bleibt, die nicht merkt, dass es jetzt Zeit wäre, und in aller Stille einfach sitzen bleibt ... Wenn er allein ist, fällt ihm auch nichts ein.

Wenn Sie sagt: du musst doch etwas denken!, steht er auf, als habe man ein Gespräch zu Ende geführt, geht hinaus und füttert den Hund, der nur wedelt und frisst, der ihn nicht zum Reden bringen will" (FRISCH 1979, S. 52).

Das „Nichts-zu-sagen-Haben" ist letztlich auch Voraussetzung dafür, dass Menschen überaus hellhörig und aufmerksam werden können für das, was andere zu sagen haben. Deshalb stellt diese Dimension der Gelassenheit auch eine wesentliche Grundlage für systemadäquates Verhalten dar. Ein solches Verhalten ist auch für Führungskräfte und Personalentwickler wesentlich. Zwar sind diese für die erfolgreiche Initiierung, Gestaltung und Begleitung von Entwicklungsprozessen zuständig, doch können sie dabei in komplexen Systemen nur erfolgreich sein, wenn sie die Systemkräfte bündeln und für die Zielerreichung nutzen können. Das „Nichts-zu-sagen-Haben" ist dabei eine wichtige Voraussetzung dafür, dass Führungskräfte und Personalentwickler lernen, in der Sprache des Systems zu reden. Sie müssen durch ihr Verhalten nämlich letztlich der Evolution des Systems dienen. Dafür benötigen sie eine „Evolutionäre Gelassenheit". Den Begriff der evolutionären Gelassenheit verdanke ich B. ZU KNYPHAUSEN, die feststellt:

„Der (evolutionär) Gelassene ist weder ungeduldig, weil er eine Situation nicht unmittelbar im Sinne eigener Vorstellungen verändern kann, noch verfällt er in Resignation. Er nimmt die Welt, wie sie ist, ohne sich dabei als schöpferischer Aktor aufzugeben. Er handelt weder übereilt noch unentschlossen; vielmehr wartet er den geeigneten Zeitpunkt ab und beschränkt sich auf ein rechtes Maß des Tuns" (ZU KNYPHAUSEN 1991, S. 57).

Man fühlt sich bei diesen Überlegungen an einen islamischen Philosophen des Mittelalters erinnert, der sinngemäß feststellte: „Um zu Wissen zu kommen, musst du erstens schweigen, zweitens musst du zuhören, drittens erinnern, viertens nachdenken und fünftens reden".

Das abwartende „Nichts-zu-sagen-Haben" wird aber auch durch die radikale Pluralität der postmodernen Gesellschaft, d. h. die „zunehmende Vielfalt, unterschiedlichster Lebensformen, Wissenskonzeptionen und Orientierungsweisen" (WELSCH 1988, S. 23) noch weiter verstärkt. Nach dem „Ende der großen Erzählungen" (LYOTARD 1986, S. 16) und angesichts der postmodernen Beliebigkeit schwindet mit der Gewissheit auch der rhetorische Enthusiasmus. Nicht-Reden und Nicht-Handeln (LAOTSE) gewinnen an Attraktivität oder – wie CARL FRIEDRICH VON WEIZSÄCKER sagt: „Tun ist hier Geschehenlassen" (WEIZSÄCKER 1980, S. 445). Dabei sind es die Paradoxien des Lebens, die für den postmodernen Menschen besonders nachdrücklich aufbrechen, ihn in seinen eingelebten Lebenshaltungen und Umgangsformen erschüttern und auch in der sozialwissenschaftlichen Diskussion in immer stärkerem Maße einem ironischen Denken Vorschub leisten (vgl. SIEBERT 1992). So stellt PAUL WATZLAWICK fest:

„Die Paradoxie ist die eigentliche Achillesferse unserer logisch-analytisch-rationalen Welterfassung. Sie ist der Punkt, an dem die scheinbar allumfassende Einteilung der Welt in Gegensatzpaare, vor allem der aristotelischen Dichotomie von wahr und falsch, zusammenbricht und sich als unzulänglich erweist" (WATZLAWICK 1991, S. 75).

Ähnliche Gedanken findet man auch im „Tao te king" des LAOTSE, wo es heißt:

„Wenn auf Erden alle das Schöne als schön erkennen, so ist dadurch schon das Hässliche gesetzt. Wenn auf Erden alle das Gute als gut erkennen, so ist dadurch schon das Nichtgute gesetzt. Denn Sein und Nichtsein erzeugen einander. Schwer und Leicht vollenden einander. Lang und Kurz

gestalten einander. Hoch und Tief verkehren einander. Stimme und Ton vermählen sich einander. Vorher und Nachher folgen einander.

Also auch der Berufene: Er verweilt im Wirken ohne Handeln. Er übt Belehrung ohne Reden. Alle Wesen treten hervor, und er verweigert sich ihnen nicht. Er erzeugt und besitzt nicht. Ist das Werk vollbracht, so verharrt er nicht dabei. Und eben weil er nicht verharrt, bleibt er nicht verlassen" (Laotse 1991, S. 42).

Das Grundthema der Gelassenheit durchwirkt die Existenz des Menschen, ob dieser sich nun in einer vormodernen, modernen oder postmodernen Lebenspraxis wiederfindet. Immer schon war es der mehr oder weniger deutliche Zweifel an der Gewissheit (vgl. Wittgenstein 1984), an der Erkennbarkeit, Gestaltbarkeit und Entwickelbarkeit der menschlichen Lebenssituationen, der den Keim für die Lebensform der Gelassenheit in sich trug, getragen von einem tiefen Bewusstsein der eigenen Endlichkeit:

„Wenn wir uns die Endlichkeit unseres Lebens vor Augen führen, wenn wir uns vorstellen, wie wir uns beim Sterben fühlen und was wir dabei denken werden, dann erscheinen uns viele unserer alltäglichen Schwierigkeiten in anderem Licht. Sie verlieren für uns oft an Bedeutung oder bekommen einen neuen Bedeutungsgehalt, und wir begegnen ihnen mit größerer Gelassenheit" (Tausch/Tausch 1983, S. 80).

Die Notwendigkeit und die Möglichkeiten für die Gelassenheit als Lebensform haben sich in der so genannten Postmoderne erheblich verstärkt. Denn während in den Zeiten und Gesellschaften, in denen die „großen Erzählungen" (wie z.B. Christentum, Marxismus, Leistungsideologie usw.) noch breite Gültigkeit beanspruchen konnten, der Glaube an die Gewissheit durch die Androhung des Scheiterhaufens, der Zwangseinweisung in die psychiatrische Anstalt oder den sozialen Abstieg zumindest vordergründig wiederhergestellt werden konnte, zerrinnen in den postmodernen Gesellschaften die „garantierbaren" Konsensflächen und Gewissheitshorizonte. Individuell und sozial erfolgreiches Handeln ist gerade nicht mehr (nur) durch Zwang und Sinn-Oktroy herstellbar. Das sich verbreiternde Bewusstsein von der Kontingenz und der Komplexität

> **Die Notwendigkeit für die Gelassenheit als Lebensform hat sich in der so genannten Postmoderne erheblich verstärkt.**

der Strukturentwicklung individueller (vgl. VARELA 1990) und sozialer Systeme (vgl. LUHMANN 1987) führt deshalb zu einer Art von evolutionärer Gelassenheit, als deren Kern „das Gewahrsein des natürlichen Eingebettetseins in den Fluss der Dinge und die Fähigkeit dementsprechend zu handeln" (CAPRA 1988, S. 36) angesehen werden kann. Diese sich entwickelnde Lebensform einer evolutionären Gelassenheit ist durch selbstreflexive Formen des Umgangs gekennzeichnet, die sich auf alle Lebensbereiche beziehen:

„Es handelt sich um eine Haltung dem Leben in seiner Vielfalt gegenüber, die es eben ermöglicht, seine Kräfte zu konzentrieren. Konzentration ist eine aktive Leistung: sie ermöglicht, meine Kräfte auf das zu richten, was mir bedeutsam ist – und andere Dinge zu lassen ... Gelassenheit hat immer etwas mit Loslassen zu tun" (BUCHMANN 1992, S. 10).

Ein zentrales Element der Lebenshaltung „Gelassenheit" ist der Umgang mit Unsicherheit. Es geht dabei um eine Lebenshaltung, die Unsicherheiten nicht (mehr) als Bedrohung zu vermeiden sucht, sondern diese geradezu als Chance zur Gestaltung von Gesellschaft und Zukunft und als notwendiges Element des Lebendigen zu begreifen vermag. In diesem Sinne stellen ADALBERT EVERS und HELGA NOWOTNY fest:

„Es geht um die Möglichkeit, nicht durch illusionäres Festhalten an Meta-Garanten Unsicherheit bewältigen zu wollen, sondern den Umgang mit den in einer als offen vorgestellten Zukunft notwendig verbleibenden Unsicherheiten souveräner als bisher gestalten zu können" (EVERS/NOWOTNY 1987, S. 15).

Der Umgang mit Unsicherheit ist zentrales Element der Gelassenheit.

Um Unsicherheit aushalten zu können, ist nicht nur Selbstsicherheit erforderlich. Entscheidend ist vielmehr die Überwindung der Angst, aber auch das Vermeiden von Angsteinflößung: Eine solche tiefer wurzelnde Selbstsicherheit „breitet sich erst dann in der Seele aus, wenn ich mir innerlich so sicher bin, dass mir kein anderer mehr Angst machen kann, kein anderer Mensch, keine Situation, keine Zukunftserwartung und keine Religion" (LAUSTER 1988, S. 71). Um die Frage, wie man zu einer solchen Überwindung der Angst gelangt, kreisen zahlreiche Veröffentlichungen der älteren und jüngeren Geistesgeschichte (u.a. HEIDEGGER 1986). Dabei lassen sich drei

Formen des Umgangs mit Unsicherheit identifizieren, deren verbreitetste die des Ausweichens und Betäubens ist: Die Menschen versuchen dabei durch ein „illusionäres Festhalten an Meta-Garanten" (EVERS/NOWOTNY 1987, S. 15) oder die Flucht in Geschäftigkeit und vordergründige Konsum- und Beziehungshektik ihre Unsicherheit zu bewältigen. Dabei bleiben sie allerdings der alten Angst-Logik verhaftet. Sie überwinden ihre Angst nicht eigentlich, sondern betäuben diese lediglich durch ein großes Trost-Potential, an das sie glauben. „Die meisten von uns glauben" – stellt ALAN W. WATTS fest –, „um sich sicher zu fühlen, um ihrem Leben Wert und Bedeutung zu geben. Glauben ist auf diese Weise zu einem Versuch geworden, sich an das Leben zu klammern, es zu fassen und für sich zu behalten" (WATTS 1990, S. 23).

Zwei weitere Formen des Umgangs mit Unsicherheit sind die der Rebellion eines trotzigen Dennoch und die Haltung einer empathischen Liebe zum Leben („Biophilie"). ALBERT CAMUS steht für die Rebellion. Er plädierte trotzig dafür, dass der Mensch die „absurde Logik" seines Daseins auszuhalten habe:

„Leben heißt: das Absurde leben lassen. Das Absurde leben lassen heißt: ihm ins Auge sehen. (...) Eine der wenigen philosophisch stichhaltigen Positionen ist demnach die Auflehnung. Sie ist eine ständige Konfrontation des Menschen mit seiner eigenen Dunkelheit. Sie ist der Anspruch auf eine unmögliche Transparenz. Sie stellt die Welt jede Sekunde in Frage. Wie die Gefahr dem Menschen die unersetzliche Gelegenheit verschafft, sich des Bewusstseins zu bemächtigen, so breitet die metaphysische Auflehnung des Bewusstseins sich über die ganze Erfahrung aus. Sie ist die ständige Anwesenheit des Menschen bei sich selbst. Sie ist kein Sehnen, sie ist ohne Hoffnung. Diese Auflehnung ist die Gewissheit eines niederwerfenden Schicksals, nicht so sehr die Resignation, die sie begleiten sollte" (CAMUS 1970, S. 49).

Gleichwohl spürt man aus der auflehnenden Position CAMUS' ganz deutlich die Trauer und Wut über die Unsicherheit der menschlichen Situation. Es ist nicht Gelassenheit, die aus seinen Worten spricht, sondern ein Nicht-Nachlassen-Können, Verzweiflung, Rebellion und Verbitterung und letztlich doch ein unterschwelliges Festhalten an der Illusion des gesicherten Lebens. Ganz ähnlich der „lebensbejahenden Verneinung" (HEINRICHS 1989) eines E. M. CIORAN ist auch seine Auflehnung voller Trauer: „Jeder Tag ist ein Rubikon, in dem ich mich ertränken möchte", sagt CIORAN (1980, S. 84), und bei CAMUS klingt der verzweifelte Trost zynisch: „Es gibt kein Schicksal, das durch Verachtung nicht überwunden werden kann" (CAMUS 1970, S. 99).

Ganz anders mutet demgegenüber die biophile Position von ERICH FROMM und ALAN W. WATTS an. ERICH FROMM spricht nicht von Gelassenheit, sondern von der „Biophilie", der „Liebe zum Leben", und der aus dieser entspringenden „Produktivität" des Menschen. „Liebe" ist für ihn „die tätige Sorge für das Leben und das Wachstum dessen, was wir lieben" (FROMM 1981, S. 455), eine Haltung, die gleichwohl eine tiefe innere Gelassenheit zur Voraussetzung hat. FROMMS Biograph RAINER FUNK hat dies erkannt und darauf hingewiesen, dass diese Gelassenheit nichts mit Gleichgültigkeit zu tun hat, „denn wer gelassen ist, ist in höchstem Maße am Leben interessiert" (FUNK 1992, S. 94). ERICH FROMM gebraucht in diesem Zusammenhang zwar selbst nicht den Begriff der Gelassenheit, doch er meint diese, wenn er von „Fürsorge", „Verantwortungsgefühl", „Achtung" und „Erkenntnis" spricht, die in einem engen Zusammenhang zueinander stehen:

„Sie bilden ein Syndrom von Einstellungen, die beim reifen Menschen zu finden sind, das heißt bei einem Menschen, der seine eigenen Kräfte produktiv entwickelt hat, der nur das haben will, was er sich selbst erarbeitet hat, der seine narzisstischen Träume von Allwissenheit und Allmacht aufgegeben und die Demut erworben hat, die auf einer inneren Stärke beruht, wie sie nur echtes produktives Tätigsein geben kann" (FROMM 1981, S. 459).

Ein weiteres wesentliches Element der Lebenshaltung „Gelassenheit" ist der Umgang mit Zeit. Diesem Thema haben sich in den letzten Jahren zahlreiche Veröffentlichungen gewidmet (u.a. GEISSLER 1985; GENDOLLA 1992; HOHN 1984; ZOLL 1988), die Altbekanntes nochmals neu darstellten und dafür sensibilisierten, dass das lineare Zeitmodell des abendländischen Fortschritts-Denkens eine von Menschen gemachte Konstruktion ist, durch die die Grundlagen für das beschleunigte Leben der modernen und postmodernen Gesellschaften gelegt worden sind. Nachdenken über Gelassenheit beinhaltet deshalb auch die Notwendigkeit, die verschütteten historischen Formen eines

„Was macht der Papalagi mit seiner Zeit?"

anderen Umgangs mit der (Lebens-)Zeit zu identifizieren, um sie daraufhin zu befragen, ob und inwieweit sie als Modell oder zumindest als Anregung für ein entschleunigtes Leben dienen könnten. In diesem Sinne spricht RAINER ZOLL von einer „Krise der Zeiterfahrung", und in dem von ihm zusammengestellten Buch wird für eine Überwindung des „Zeitmusters der protestantischen Ethik" plädiert, wobei deutlich wird, dass in einer neuen Form des Umgangs mit Zeit „(...) die neubestimmten Eigenzeiten der Individuen eine weit größere Bedeutung haben müssten als in dem Zeitmuster der protestantischen Ethik" (ZOLL 1988, S. 22). Dieses Ansinnen ist nicht neu. In unnachahmlicher Klarheit wurde die Kritik an dem linearen Zeit-Modell aus dem Blickwinkel des Fremden in den Reden des Südsee-Häuptlings TUIAVII aus Tiavea vorgetragen. In der Rede „Der Papalagi (= Bezeichnung für den Europäer) hat keine Zeit" heißt es:

„Wenn dieses Zeitlärmen (= Glockenschlagen; R. A.) ertönt, klagt der Papalagi: Es ist eine schwere Last, dass wieder eine Stunde herum ist. Er macht zumeist ein trauriges Gesicht dabei, wie ein Mensch, der ein großes Leid zu tragen hat; obwohl gleich eine ganz frische Stunde herbeikommt. Ich sage, dies möchte eine Art Krankheit sein; denn angenommen, der Weiße hat Lust, irgendetwas zu tun, sein Herz verlangt danach, er möchte vielleicht in die Sonne gehen oder sein Mädchen lieb haben, so verdirbt er sich zumeist seine Lust, indem er an dem Gedanken haftet: Mir ward keine Zeit fröhlich zu sein. Die Zeit wäre da, doch er sieht sie beim besten Willen nicht. Er nennt tausend Dinge, die ihm die Zeit nehmen, hockt sich mürrisch und klagend über eine Arbeit, zu der er keine Lust hat, an der er keine Freude hat, zu der ihn auch niemand zwingt als er sich selbst. Sieht er dann aber plötzlich, dass er Zeit hat, dass sie doch da ist, oder gibt ihm ein anderer Zeit – die Papalagi geben sich vielfach gegenseitig Zeit, ja, nichts wird so hoch geschätzt als dieses Tun –, so fehlt ihm wieder die Lust, oder er ist müde von der Arbeit ohne Freude. Und regelmäßig will er morgen tun, wozu er heute Zeit hat.

Was macht der Papalagi mit seiner Zeit? – Ich bin nie recht dahinter gekommen (...). Ich glaube, die Zeit entschlüpft ihm wie eine Schlange in nasser Hand, gerade weil er sie zu sehr fest hält. Er lässt sie nicht zu sich kommen. Er jagt immer mit ausgestreckten Händen hinter ihr her, er gönnt ihr die Ruhe nicht, sich in der Sonne zu lagern. Sie soll immer ganz nahe sein, soll etwas singen und sagen. Die Zeit ist aber still und fried-

fertig und liebt die Ruhe und das breite Lagern auf der Matte. Der Papalagi hat die Zeit nicht erkannt, er versteht sie nicht, und darum misshandelt er sie mit seinen rohen Sitten"(DER PAPALAGI 1982, S. 62 ff.).

Was sich aus dieser treffenden Analyse des linearen Zeit-Modells durch die Brille des Fremdkulturellen folgern lässt, ist leichter gesagt als tatsächlich gelebt: Es ist die Notwendigkeit einer Besonnenheit im eigenen Tun auf das Wesentliche, auch wenn und obgleich die Gesellschaft mit ihren Karriere-Leitern genau dies kaum honoriert oder gar bestraft. Es ist immer noch die Vielfalt der Aktivitäten und die Fülle des Geleisteten, was zählt; – und weniger die Tiefe der Empfindung und die Ausgereiftheit der Gedanken. Unser Leben vollzieht sich auf „Schnellwegen" (vgl. RUMPF 1993), die ein Ausruhen, Auswählen sowie ein Nach- und Querdenken nicht zulassen. So lesen wir bereits in GRACIANS „Handorakel" aus dem Jahre 1832:

„Es gibt Beschäftigungen, die einem wie Motten den Teppich der Zeit zerstören. Sich mit etwas Ungehörigem beschäftigen ist schlimmer als Nichtstun. (...) So sehr darf man nicht allen angehören, dass man nicht mehr sich selbst angehöre" (GRACIANS 1832, S. 31).

Und HERMANN HESSE gibt in seinem schönen Essay „Die Kunst des Müßiggangs – Ein Kapitel künstlerischer Hygiene" einen Überblick über seine eigenen Erfahrungen mit der „Arbeit des methodischen Faulenzens", die hier abschließend zum (anderen) Umgang mit Zeit wiedergegeben werden:

„1. Ich holte eines Tages, von dunkler Ahnung getrieben, die vollständigsten deutschen Ausgaben von Tausendundeiner Nacht und den Fahrten ins Sajid Batthal von der Bibliothek, setzte mich dahinter – und fand, nach anfänglichem kurzem Vergnügen, etwa nach Tagesfrist beide langweilig.

2. Den Ursachen dieses Misserfolges nachdenkend, erkannte ich schließlich, dass jene Bücher durchaus nur liegend oder doch am Boden sitzend genossen werden dürfen. Der aufrechte abendländische Stuhl beraubt sie ihrer Wirkung. Nebenher ging mir dabei zum ersten Male ein Verständnis für die völlig veränderte Anschauung des Raumes und der Dinge auf, die man im Liegen oder Kauern gewinnt.

3. Bald entdeckte ich, dass die Wirkung der orientalischen Atmosphäre sich verdoppelte, wenn ich mir, statt selber zu lesen, vorlesen ließ (wobei es jedoch erforderlich ist, dass auch der Vorleser liege oder kauere).

4. *Die nun endlich rationell betriebene Lektüre erzeugte bald ein resigniertes Zuschauergefühl, das mich befähigte, nach kurzer Zeit auch ohne Lektüre stundenlang in Ruhe zu verharren und meine Aufmerksamkeit mit scheinbar geringen Gegenständen zu beschäftigen (Gesetze des Mückenfluges, Rhythmik der Sonnenstäubchen, Melodik der Lichtwellen usw.). Daraus entsprang ein wachsendes Erstaunen über die Vielfalt des Geschehens und ein beruhigendes, völliges Vergessen meiner selbst, womit die Basis eines heilsamen, niemals langweiligen far niente gewonnen war. Dies war der Anfang. Andere werden andere Wege wählen, um aus dem bewussten Leben in die für Künstler so notwendigen und schwer zu erreichenden Stunden des Selbstvergessens unterzutauchen"* (HESSE 1973, S. 12 f.).

Ein anderer Umgang mit sich selbst stellt die wohl grundlegendste Voraussetzung für eine nachdrücklich gelebte Gelassenheit dar. Wer unreflektiert den eingelebten Grundmustern seiner Biographie und seiner inneren Zwanghaftigkeit ausgeliefert ist, kann kaum zu einer gelassenen Lebenshaltung finden. „MY GREATEST FEAR: REPETITION" – so umschreibt MAX FRISCH in seiner Erzählung „Montauk" das Lebensgefühl eines solchen biographischen Ausgeliefertseins (FRISCH 1981, S. 18). Und er zeigt, welche Ängste für eine solche geborgte Identität typisch sind:

„Eine Versammlung aller, die je in unser Leben hineingespielt haben oder eines Tages hineinspielen könnten, das ist eine schreckliche Vorstellung: ihre Kenntnisnahme gegenseitig, ihre Übereinkunft nach dem Austausch widersprüchlicher Kenntnisse, ihr Verständnis füreinander, das wäre das Begräbnis unseres Selbstverständnisses" (FRISCH 1981, S. 148).

ERICH FROMM hat für diese Form des inszenierten Umgangs mit sich selbst und anderen den Begriff des „Marketing-Charakters" geprägt und damit ein Selbstverständnis gekennzeichnet, in dem der Einzelne sich als eine Ware „auf dem Personalmarkt" versteht:

„Was der Betreffende auf dem Personalmarkt verkauft, ist seine Befähigung, diese Rolle zu spielen. Welcher Mensch dahinter steht, ist unwichtig und uninteressant; auch er selbst interessiert sich nicht für seine Ehrlichkeit, sondern nur für ihren Marktwert. Voraussetzung für die Marketing-Orientierung ist innere Leere, das Fehlen jeder spezifischen Qualität, die

unauswechselbar wäre, denn jeder bestimmte Charakterzug könnte eines Tages mit den Anforderungen des Marktes in Widerspruch geraten. Der Betreffende wird feststellen, dass einige Rollen nicht zu seinen Eigenheiten passen. Also muss er sie ablegen, das heißt, nicht die Rollen, sondern die Eigenheiten. Denn die Marketing-Persönlichkeit muss frei sein, frei von jeglicher Individualität" (FROMM 1980, S. 53).

„Umgang mit sich selbst" bezeichnet die Fähigkeit zu einem selbstreflektierten und selbstdistanzierten Verhalten. In der psychoanalytischen Praxis gilt es bereits als Erfolg, wenn sich nach einer längeren angeleiteten autobiographischen Selbstreflexion beim Patienten so etwas wie eine Art „Klingeleffekt" einstellt: Der Patient kennt die für seine Biographie typischen Grundmuster und ist ausreichend sensibilisiert, so dass er bei der Gefahr, ein solches Grundmuster in einer geeigneten Lebenssituation erneut zu inszenieren, durch ein „inneres Signal" gewarnt wird. Dies ist die

Gelassenheit bedingt selbstreflektiertes und – distanziertes Verhalten.

Voraussetzung für die Möglichkeit anders zu sein bzw. anders mit sich selbst umzugehen. Im Spannungsrahmen von Übertragung und Widerstand schärfen Analytiker und Analysierter ihre selbstreflexiven Fähigkeiten (vgl. SCHMIDBAUER 1988, S. 58 ff.), deren Ausbildung für den einen eine Voraussetzung seiner Professionalität und für den anderen ein wesentlicher Fortschritt in seinem individuellen Reifungsprozess darstellt. Dabei entzieht sich die Entwicklung der Subjektivität der Determination und „Umgang mit sich selbst" kann – wie HANS-JOCHEN GAMM in seinem gleichnamigen Buch feststellt – „als die subjektive Komponente eines Sozialisationsprozesses verstanden werden, dessen Richtung zwar weithin durch die objektiven Verhältnisse vorbestimmt ist, der aber doch eine Fülle individueller Gestaltungsmöglichkeiten und folglich auch sozialer Varianten einschließt" (GAMM 1977, S. 13). Insofern ist für den Umgang mit sich selbst eine Gestaltungsperspektive konstitutiv, die von einer gewissen Offenheit der eigenen Biographie ausgeht.

Aus der Fähigkeit zu einem veränderten bzw. gelassenerem, aber auch wachsameren Umgang mit sich selbst, ergeben sich auch die Möglichkeiten zu einem anderen Umgang mit anderen (vgl. MÜLLER 1986). „Gelassenheit heißt" – so lesen wir in einem Bestseller von PETER LAUSTER –, „die anderen so lassen können, wie sie sind" (LAUSTER

1988, S. 81). Dieser Aspekt der Gelassenheit stellt eine Herausforderung an Gestaltungsanspruch und Machbarkeitsphantasien professioneller und privater Art dar. Er hat zwei Dimensionen, eine autobiographische und eine soziale. Die autobiographische Dimension hat u.a. ERIK ERIKSON mit dem Begriff der Integrität treffend umschrieben. Dieser Begriff beinhaltet:

„(...) die Annahme seines einen und einzigen Lebenszyklus und der Menschen, die in ihm notwendig da sein mussten und durch keine anderen ersetzt werden können. Er bedeutet eine neue, andere Liebe zu den Eltern, frei von dem Wunsch, sie möchten anders gewesen sein als sie waren, und die Bejahung der Tatsache, dass man für das eigene Leben allein verantwortlich ist. Er enthält ein Gefühl von Kameradschaft zu den Männern und Frauen ferner Zeiten und Lebensformen, die Ordnungen und Dinge schufen, welche die menschliche Würde und Liebe vermehrt haben" (ERIKSON 1980, S. 119).

Die soziale Dimension eines gelasseneren Umgangs mit anderen stellt insbesondere Männer häufig vor große Schwierigkeiten, da ihre „klassische" Rolle sowie das Erfolgsmodell männlicher Biographien die Gefahr in sich birgt, andere zu instrumentalisieren, sie als Elemente und Bausteine auf dem Schachbrett der eigenen Lebensplanung anzusehen und insgesamt von der heimlichen Überzeugung auszugehen, dass sich Beziehungen absichtsvoll gestalten, optimieren und zum Erfolg führen ließen. Dass ein angemessener Umgang mit anderen das Sich-Einlassen auf ihre Deutungsmuster, Interpretationen und Eigenheiten voraussetzt, ist eine Kommunikationsebene, deren Entwicklung in der männlichen Sozialisation i.d.R. nicht im Vordergrund stand. Viele Männer verkümmerten in ihrer Sozialisations- und Erfolgsgeschichte deshalb zu Beziehungszwergen. Sie werden zum „Mann mit (typischen) Eigenschaften", ganz anders als der „Mann ohne Eigenschaften" von ROBERT MUSIL:

„Ein solcher Mann ist aber keineswegs eine sehr eindeutige Angelegenheit. Da seine Ideen, so weit sie nicht müßige Hirngespinnste bedeuten, nichts als noch nicht geborene Wirklichkeiten sind, hat natürlich auch er Wirklichkeitssinn; aber es ist ein Sinn für die mögliche Wirklichkeit und kommt viel langsamer ans Ziel als der den meisten Menschen eigene Sinn für ihre wirklichen Möglichkeiten. Er will gleichsam den Wald, und der andere die Bäume; und Wald, das ist etwas schwer Ausdrückbares, wogegen Bäume soundsoviel Festmeter bestimmter Qualität bedeuten. Oder viel-

leicht sagt man es anders besser, und der Mann mit gewöhnlichem Wirk-
lichkeitssinn gleicht einem Fisch, der nach der Angel schnappt und die
Schnur nicht sieht, während der Mann mit jenem Wirklichkeitssinn, den
man auch Möglichkeitssinn nennen kann, eine Schnur durchs Wasser zieht
und keine Ahnung hat, ob ein Köder daran sitzt" (MUSIL 1988, S. 17).

Die übliche männliche Sozialisation befähigt eher nicht zur Ausbildung von Möglichkeitssinn und anderen Formen des Umgangs mit
anderen. WALTER HOLLSTEIN hat der sozialisatorischen Deformierung
nachgespürt und den „Männlichkeitspanzer" analysiert, der den
Mann häufig zu einer „seelischen Unlebendigkeit" und zu einer
„unfruchtbaren Einseitigkeit" verdammt:

„Dieser Typus verwaltet nur noch die Angelegenheiten von Wirtschaft und
Politik, unkreativ und konfliktscheu. Da er sich des weiblichen Prinzips
völlig entledigt hat und von daher keine Innerlichkeit und auch keine
Eigentlichkeit mehr besitzt, ist der Mann, sofern er nicht bewusst gegen-
steuert, zum seelenlosen Funktionär verkommen.

Doch aus einer derartigen psychischen Deformierung machen viele noch
eine Tugend, indem sie sich selbst als Einzelkämpfer feiern. (...) Der
Herrscher auf seinem Ross führt die willenlose Herde ans Ziel, d.h. zu
seinem Erfolg. Die Realität verarmt dergestalt doppelt: Die Objekte sind
keine Beziehungspartner mehr, sondern bloße Mittel für egoistische Trieb-
befriedigung. Zum anderen ersetzen äußere Ziele das eigene innere Le-
ben, das nur noch auf externes reagiert. Eine Größenphantasie reduziert
damit das ganze reichhaltige Spektrum von Welt auf eine eindimensiona-
le Mittel-Zweck-Relation, die im Begriff der Macht kumuliert" (HOLLSTEIN
1991, S. 88).

Die skizzierten Formen eines anderen Umgangs sind keineswegs
vollständig. Gelassenheit setzt vielmehr auch einen neuartigen
Umgang mit dem Lebendigen, d.h. mit der Natur (vgl. AMERY 1976),
einen veränderten Umgang mit der Liebe (vgl. BROCHER 1985; SCHEL-
LENBAUM 1986), einen anderen Umgang mit Entwicklung und einen
anderen Umgang mit dem Tod (vgl. EISENBERG/GRONEMEYER 1985) voraus
– Aspekte der Gelassenheit, auf die im Rahmen dieser ersten Annä-
herung nicht mehr eingegangen werden kann. Es geht jedoch bei
allen diesen Aspekten von Gelassenheit um ein evolutionär-syste-
misches Denken, Fühlen und Handeln bzw. um ein Bewusstsein der
„Strömung", so der Titel eines Gedichtes von INGEBORG BACHMANN.

Was bedeutet es, „Gelassenheit" zur Grundlage des eigenen Handelns zu machen?

■ Gelassenheit ist Ausdruck einer überaus konzentrierten und gereiften Lebensform, die auch und gerade für das erfolgreiche Handeln in komplexen Situationen wesentlich ist.

■ Für systemadäquates Handeln ist eine evolutionäre Gelassenheit notwendig. Sie ist durch ein abwartendes „Nichts-zu-sagen-haben" gekennzeichnet und stellt eine wichtige Voraussetzung dafür dar, dass Führungskräfte und Personalentwickler „lernen", in der Sprache des Systems zu reden.

■ Gelassenheit hat was mit Loslassen zu tun. Loszulassen sind vermeintliche Gewissheiten, und zu lernen ist der Umgang mit Unsicherheit. Voraussetzung hierfür ist die Überwindung und das Vermeiden von Angst.

■ Die Fähigkeit zu produktiver Gelassenheit beinhaltet auch eine andere Einstellung zur Zeit, die auf Entschleunigung und Vertiefung statt auf Hektik und „Schnellwege" setzt.

■ Gelassenheit erfordert schließlich auch einen anderen Umgang mit sich selbst i.S. eines selbst-reflektierten und selbst-distanzierten Verhaltens. Ein gelassener, aber auch „wachsamer" Umgang mit sich selbst schafft schließlich aber auch die Voraussetzungen für ein produktiv-konstruktives Handeln im Umgang mit anderen.

SANTIAG

Organisationslernen –

Vom Wissensegoismus zum geteilten Wissen

Organisationslernen –
Vom Wissensegoismus zum geteilten Wissen

Die Begriffe „Organisationslernen" oder „Organisationales Lernen" (Organizational Learning) (vgl. ARNOLD/WEBER 1995) kennzeichnen eine neue Sichtweise auf das Führen und die Entwicklung von Organisationen, wie Unternehmen oder Betriebe. In einem neueren Fachlexikon lesen wir:

„Der Begriff o.L. (organisationales Lernen; R. A.) nimmt die Vision auf, dass ein soziales System im Umgang mit sich selbst und seinem Kontext zur Effizienzsteigerung seine gemeinsame Wirklichkeit, sein Wissen und seine Erfahrungen ebenso weiterentwickelt wie seine Problemlösungsfähigkeit und Handlungsmöglichkeiten und damit in einer paradigmatisch veränderten Betrachtung von Organisation mündet. Offenheit, Vernetzung und Lernfähigkeit treten an die Stelle von Abgrenzung, Linearität und Kontrolle. (...) O.L. ist mehr als die Summe individueller und kooperativer Lernprozesse. Was einzelne Mitarbeiter in unterschiedlichen Zusammenhängen gelernt und erarbeitet haben, soll in die Organisation einfließen, systematisch gesammelt, zugriffsgerecht gewartet, strukturell abgesichert und so Bestandteil einer organisationalen Wissens- und Handlungsbasis werden" (PÄTZOLD 1999, S. 315).

In dieser Definition sind die wesentlichen Begriffe enthalten und die zentralen Zusammenhänge des organisationalen Lernens angedeutet. Organisationales Lernen hat zumeist etwas mit Wissen bzw. Wissenserwerb zu tun, wobei es nicht nur um explizites Wissen (Kompetenzwissen), sondern auch um implizites Wissen (Erfahrungswissen) geht. Mitarbeiterinnen und Mitarbeiter sollen dabei ihre Kompetenzen und Erfahrungen in einer Weise entwickeln können, dass nicht nur sie allein, sondern auch die anderen davon profitieren können. In lernenden Organisationen ist somit das Lernen der Einzelnen grundsätzlich auf *geteiltes* Wissen verwiesen. Dies bedeutet, dass die organisatorische Wissensbasis sich nicht nur aus der Summe des individuellen Wissens zusammensetzt, sondern auch kollektive Wissensbestände umfasst. Organisationales Lernen betrifft dann:

„(...) die Veränderung der organisationalen Wissensbasis, die Schaffung kollektiver Bezugsrahmen sowie die Erhöhung der organisationalen Problemlösungs- und Handlungskompetenzen" (PROBST U.A. 1997, S. 44).

Das Konzept des Organisationslernens löst traditionelle Personalentwicklungskonzeptionen ab. Diese waren auf die Weiterbildung einzelner Mitarbeiterinnen und Mitarbeiter bezogen und orientierten sich an technologischen Erfordernissen oder Arbeitsmarktbedarfe. Demgegenüber ist das Organisationslernen darauf angewiesen, dass die Einzelnen sich nicht nur kontinuierlich das jeweils notwendige Wissen aneignen, sondern darüber hinaus auch in der Lage sind, selbstständig zu lernen. Die Fähigkeiten zum selbstständigen und lebenslangen Lernen erweisen sich somit als zentrales Merkmal lernender Organisationen. Und es ist die Aufgabe der Führungskräfte dafür zu sorgen, dass das Personal des Unternehmens nicht nur über das Know-how, sondern auch über das Know-how-to-Know verfügt, um an seinem Arbeitsplatz bestehen und gleichzeitig die organisationalen Strukturen weiterentwickeln zu können. Zugrunde gelegt ist dabei ein weites Verständnis von Lernen. Dieses bezieht sich nicht nur auf die Aneignung von Neuem (z.B. neues Wissen, neue Fähigkeiten und Fertigkeiten), sondern auch auf die Frage nach der Beurteilung der Ziele sowie der das Handeln leitenden Werte.

Während man die Aneignung von Neuem als Single-Loop-Learning bezeichnet, wird für die Ziel- und Wertreflexion der Begriff des Double-Loop-Learnings verwandt (vgl. ARGYRIS/SCHÖN 1978). Lernende Organisationen sind dadurch gekennzeichnet, dass sie in immer stärkerem Maße darauf angewiesen sind, dass ihre Mitarbeiterinnen und Mitarbeiter zu einem solchen die Ziel- und Wertbasis des eigenen Handelns reflektierenden Lernen in der Lage sind. Dies wiederum kann aber nur erwartet werden, wenn die Handlungsspielräume an den Arbeitsplätzen es auch tatsächlich zulassen, dass die Einzelnen die Ziele und Werte ihrer Arbeit zumindest mitbestimmen. Der Arbeitsplatz erweist sich dabei als ein wesentlicher Lernort des organisationalen Lernens. Eine über das Single-Loop- und das Double-Loop-Learning hinausgehende Form des Lernens wird in der Diskussion mit dem etwas ungewöhnlichen Begriff des *Deutero-Learning* bezeichnet. Damit ist eine Lernform gemeint, die nicht nur einen Lerngegenstand „aneignet" (Single-Loop-Learning) sowie den Ziel- und Wertrahmen seines Anwendungskontextes reflektiert (Double-Loop-Learning), sondern darüber hinaus auch den

> **„Deutero-Learning" ist charakteristisch für lernbewusste Organisationen.**

Lern- und Arbeitsprozess selbst reflektiert. Diese komplexeste Lernform ist dadurch gekennzeichnet, dass in ihr die Organisationsmitglieder Gelegenheit haben, über die Angemessenheit der untergeordneten Lernformen zu entscheiden. Erst mit dieser dritten Lernform

„(...) entsteht ein organisationsweites Bewusstsein von der Existenz und dem Ablauf von Lernprozessen: Man lernt einzuschätzen, in welchen Situationen Single-Loop-Lernen unvermeidlich ist (z.B. bei notwendiger Standardisierung oder bei dem Gebrauch von entlastenden Routinen) und wann Double-Loop-Lernen angebracht ist (z.B. wenn sich die Marktgegebenheiten ändern oder unterschiedliche kulturelle Bezugrahmen konfligieren)" (PÄTZOLD 1999, S. 317).

Diese dritte Lernform, in der es somit um die Reflexion der praktizierten Lern- und Arbeitsprozesse geht, ist auch charakteristisch für *lernbewusste Organisationen*. Als solche lassen sich Organisationen bezeichnen, deren Mitarbeiterinnen und Mitarbeiter nicht nur über ihr eigenes Lernen „Bescheid wissen", sondern auch in der Lage sind, Lernstrategien einzusetzen und selbstständig ihren Lernprozess zu organisieren. Lernbewusste Organisationen sind zudem Organisationen, in denen kaum noch gelehrt bzw. belehrt wird. Vielmehr dient die betriebliche Aus- und Weiterbildung nur dem einen Ziel, nämlich sicherzustellen, dass die Organisationsmitglieder über Know-how-to-Know verfügen. Dieses Know-how-to-Know setzt sich aus Selbsterschließungskompetenzen zusammen, durch welche die Mitarbeiterinnen und Mitarbeiter einer Organisation in die Lage versetzt werden, ihre (!) Lernprozesse selbst zu organisieren und dabei auch für diese verantwortlich zu bleiben. Lernende bzw. lernbewusste Organisationen sind somit auch durch andere Lernkulturen charakterisiert. Diese sind weniger lehr- bzw. führungszentriert, und in ihnen wird die Haltung gelebt und vermittelt, dass das Lernen in der Organisation nur von den Einzelnen selbst initiiert und gestaltet werden kann. Personalentwickler, Weiterbildner und Führungskräfte haben deshalb die Aufgabe, dieses selbst organisierte Lernen zu ermöglichen und anzuregen. An die Stelle von Erzwingung und Gehorsam, aber auch von Motivation und Sanktion, muss eine Lernkultur „sichtbar gelebt" werden, die auf die Selbststeuerungskräfte der Subjekte setzt und diese gezielt fördert. In diesem Sinne schreibt E. KÖSEL:

„Wenn es stimmt, dass wir Menschen als lebende Systeme strukturdeterminiert, autopoietisch und selbstreferentiell denken und handeln müssen, dann hat eine Didaktik, wenn sie sinnvoll sein und wirklich das Lernen ermöglichen will, die Aufgabe, als 'Außensystem' strukturelle Anreize zu geben, strukturelle Koppelungen zu ermöglichen und einen konsensuellen Bereich aufzubauen, damit die einzelnen Menschen – als lebende Systeme – ihrer Struktur entsprechend Informationen aufnehmen und mit ihrer Organisation in ihr 'Universum' integrieren können und somit wiederum produktiv im Sinne des Erwerbs von Schlüsselqualifikationen und von produktiver Tätigkeit im Unternehmen sein können" (KÖSEL 1990, S. 3).

Konnte man noch bis vor wenigen Jahren davon ausgehen, dass die Betriebe ein Ort des ausschließlich zweck- und verwendungsorientierten Lernens seien, während Bildung und Persönlichkeitsentwicklung lediglich in außerbetrieblichen Bereichen (Schule, Volkshochschule usw.) gefördert werden könnten, so ist eine solche klare Grenzziehung heute immer weniger möglich. Die Entwicklung der Qualifikationsanforderungen auf den Arbeitsmärkten hat vielmehr zu einer doppelten Erweiterung des betrieblich-beruflichen Lernens geführt: Zum einen „weitet" sich das Qualifikationslernen unter dem Leitziel der Vermittlung von Schlüsselqualifikationen auch zur Bildung bzw. genauer zur Persönlichkeitsbildung, d.h. zur „proportionierlichen Ausbildung aller Kräfte" (W. v. HUMBOLDT), zum anderen ist das betriebliche Lernen nicht mehr nur auf das einzelne Individuum gerichtet, sondern auch auf die Förderung der Anpassungs- und Überlebensfähigkeit der Organisation Betrieb.

Dieses abschließende Kapitel zeichnet zunächst diese beiden Entwicklungstendenzen nach und versucht, das Ineinandergreifen beider Tendenzen im Konzept der lernfähigen Unternehmung darzustellen, um schließlich nach den praktischen Konsequenzen aus diesen Entwicklungen für die Führungskräfte und Weiterbildner in den Betrieben zu fragen.

Die Erweiterung der Qualifikation zur Bildung

Spätestens im Jahre 1987 wurde auch der interessierten Öffentlichkeit in Deutschland bewusst, dass die Verengung der beruflichen Ausbildung auf unmittelbar zweckorientierte Erfordernisse im Aufweichen begriffen ist. In diesem Jahr wurde der lang andauernde

Diskussionsprozess zwischen Arbeitgebern und Arbeitnehmern über die curriculare Neuordnung der Ausbildungsberufe im Metall- und Elektrobereich angeschlossen. Was dabei herauskam, war eine didaktische Innovation. Ergebnis waren nämlich Ausbildungsordnungen, die ausdrücklich der Vermittlung von Schlüsselqualifikationen eine hohe Priorität einräumten. Jugendliche bzw. junge Erwachsene sollten durch die Ausbildung in den neu geordneten Metall- und Elektroberufen in die Lage versetzt werden, in komplexen beruflichen Alltagssituationen Problemlösungen „selbstständig planen", „durchführen" und „kontrollieren" zu können. Erst bei den zahlreichen Versuchen, diesen Anspruch in der betrieblichen Praxis einzulösen, wurde jedoch deutlich, welcher radikale Kurswechsel für das betriebliche Lernen mit dieser Neuorientierung verbunden ist. Hervorzuheben sind insbesondere drei Konsequenzen:

■ *Selbsttätigkeit als Weg zur Selbstständigkeit*

Die Fähigkeiten zur selbstständigen Problemlösung können nur im Rahmen einer Didaktik entwickelt bzw. angeeignet werden, die bereits selbst „hält, was sie verspricht". Oder anders ausgedrückt: Zahlreiche Betriebe mussten aus der Einsicht, dass im Rahmen eines geführten und kontrollierten Lernens nur „Geführtwerden", aber nicht Fähigkeiten zur Führung und Selbstführung gelernt werden können, Konsequenzen ziehen. In der betrieblichen Ausbildungspraxis sind deshalb heute handlungsorientierte Ausbildungsmodelle auf dem Vormarsch. Nach diesen Modellen werden die Ausbildungs- und Lernsituationen in der betrieblichen Ausbildung selbst als Problembearbeitungssituationen arrangiert. Diese didaktische Logik entspricht der Logik des Bildungsprozesses, als dessen zentrale Vollzugsform seit jeher die Selbsttätigkeit angesehen wurde. Damit ist für die Personalentwicklung der Betriebe allerdings auch eine neue Qualität erreicht worden:

„Anders als bei den Anpassungsforderungen stößt man mit dieser Forderung nach Selbstständigkeit des Arbeitenden allerdings an eine prinzipielle Grenze: Selbstständigkeit kann nicht fremdbestimmt verordnet werden. Sie ist nicht zwangsweise durchzusetzen, sondern grundsätzlich an die Bereitschaft, Freiwilligkeit und Eigentätigkeit des Arbeitenden gebunden. Deshalb kann Selbstständigkeit auch nicht notwendig, nicht allgemein, und auch nicht sicher erwartbar eintreten. Sie ist weder berechenbar, noch im engeren Sinne 'machbar'. Ob sie realisiert werden kann,

hängt vielmehr entscheidend von der Eigenbewegung des Arbeitenden, von seiner Persönlichkeitsentwicklung ab" (BRATER/BAUER 1990, S. 54 f.).

■ *Die Unbegrenzbarkeit der Persönlichkeitsbildung*

Die Vermittlung von Schlüsselqualifikationen, die die sozialen und methodischen Kompetenzen des Einzelnen stärken, ist prinzipiell unbegrenzbar – auch dies eine wichtige Gemeinsamkeit mit der Bildung. Dies bedeutet, dass es sich mit der vielfach geforderten Selbstständigkeit ebenso verhält, wie mit der Schwangerschaft: Man kann nicht nur „ein bisschen" selbstständig sein (wie man auch nicht nur ein bisschen schwanger sein kann). Betriebe, die die Selbstständigkeit ihrer Mitarbeiter systematisch und gezielt entwickeln (wollen), können deshalb auch nicht darauf hoffen, dass diese Selbstständigkeit dann auch nur in den von ihnen erwarteten bzw. in den ihnen „genehmen" Bereichen wirksam wird. Richtige Selbstständigkeit kennt – wie die Bildung – keine Begrenzung, d.h. mit ihr erhöhen sich auch – gewollt oder ungewollt – die Mitwirkungs- und Gestaltungsfähigkeiten der Mitarbeiter im Betrieb.

■ *Bildung als Berufsbildung der Zukunft*

Neben die Notwendigkeit der fachlich-inhaltlichen Qualifizierung tritt für die Betriebe in den neugeordneten Berufen die Aufgabe, den Einzelnen in seiner Persönlichkeit zu bilden. Dabei wird es zunehmend wichtig, die Ich-Kräfte der Subjekte systematisch zu fördern. Diese sollen dadurch Persönlichkeitsmerkmale, Verhaltensweisen und Haltungen entwickeln können; von denen man in früheren Jahren glaubte, dass sie nur mit der Allgemeinbildung verbunden seien. Mit der neugeordneten Berufsbildung in den Unternehmen ist somit paradoxerweise ein Bedarf an Bildung bzw. allgemeiner Persönlichkeitsbildung verbunden – eine Entwicklung, die bisweilen zu dem Slogan verdichtet wird: Die Allgemeinbildung ist die Berufsbildung der Zukunft.

Es ist überflüssig zu betonen, dass sich diese Erweiterung des betrieblichen Qualifikationslernens noch keineswegs in allen Bereichen des Beschäftigungssystems durchgesetzt hat. Obgleich seit Ende der 80er Jahre weitere Berufe nach dem oben skizzierten Vorbild neu geordnet wurden, hat die Masse der Betriebe ihre Aus- und Weiterbildungsstrategien noch kaum grundlegend verändert, sieht man einmal von den wenigen avantgardistischen Unternehmen ab (i.d.R.

Großbetriebe). Gewarnt werden muss deshalb vor einer Idealisierung der betrieblichen Anforderungen an den Facharbeiter. Gleichwohl zeigen empirische Arbeitsmarktuntersuchungen deutlich, dass die Entwicklung in vielen Bereichen Mündigkeit und Selbstorganisation am Arbeitsplatz nicht nur nicht ausschließt, sondern geradezu erfordert:

„An die Stelle technisch-organisatorisch determinierter Arbeitsvollzüge treten sichtbar 'Selbstorganisation', 'Selbstverantwortung' und 'sozial-kommunikatives Handeln' als Bestandteil der Arbeitsprofile: Aktive Aneignung und Anwendung von Wissen und Erfahrung in betrieblichen Weiterbildungs- und Arbeitsprozessen, die Legitimierung von Arbeitshandlungen wie auch deren Korrektur nach Gesprächen mit Vorgesetzten und Kollegen, der kritische Abgleich eigener Arbeitsziele mit betrieblich zugedachten, dies alles muss unter Rückgriff auf entsprechende Kompetenz- und Verhaltenspotentiale geschehen" (BAETHGE/BAETHGE-KINSKY 1995, S. 152).

Vom lernenden Individuum zur lernenden Organisation

Eine heute gegenstandsadäquatere Lesart des Begriffes des organisationalen Lernens[1] kann sich auch – und das ist einer der Leitgedanken der folgenden Ausführungen – aus einer Untersuchung der Frage ergeben, wie man in Organisationen zu einem „in Aktionen umsetzbaren Wissen" (ARGYRIS 1997, S. 72) gelangen kann, wobei damit ein Wissen gemeint ist, welches Lern- und Wandlungsprozesse in Organisationen zwar initiieren kann, dabei aber gleichzeitig innigst an die Kompetenzen und die subjektiven Wissensbestände („mentalen Modelle") der Mitarbeiter gebunden bleibt.[2]

---

1 Die folgenden abschließenden Überlegungen sind bereits ausführlicher an anderer Stelle als Aufsatz veröffentlicht worden (vgl. ARNOLD 1998, S. 95 ff.).

2 Diese Mitarbeitergebundenheit „aktiven Wissens" bedeutet *nicht,* dass dieses immer nur subjektiv genutzt werden kann. Die unübersehbare „Kollektivierung der Arbeit" (PROBST u.a. 1997, S. 223) sowie „der Trend zu Gruppenarbeit, Kooperation und Virtualisierung von Organisationen (lassen) Wissensverteilung zu einer vorrangigen Aufgabe werden" (ebd., S. 259).

Dabei ist zunächst grundlegend etwas zur Motivation, der Zielsetzung sowie den Fragestellungen meiner Beschäftigung mit der mentalen Ebene des Organisationslernens zu bemerken. Ausgangspunkt und damit Motiv waren die in nationalen und internationalen Organisations- und Systemberatungen beobachteten *Nachhaltigkeitsbegrenzungen* (vgl. STOCKMANN 1992): Wandel und Veränderungen können durch externe Interventionen (z.B. Beratung, Fortbildung) allenfalls kurzfristig herbeigeführt werden; selten gelingt die Entwicklung gemeinsamer Vorstellungen und Leitbilder, man kooperiert vielmehr in aller Regel, während die Beteiligten unterschiedliche Vorstellungen vom gemeinsamen Tun haben. Immer wieder bestätigte sich der Eindruck, dass Systeme und Organisationen (als eigene Systeme oder Teil von Systemen) zu erheblichen Anteilen „in den Köpfen" der Beteiligten bestehen und deshalb auch nur in diesen selbst verändert werden können[1]. Organisationales Lernen ist somit grundsätzlich auf die erwachsenenpädagogische Frage nach der Transformierbarkeit von Deutungen, Erfahrungen und Kompetenzen verwiesen, auch wenn das Lernen von Organisationen und Systemen mehr umfasst als die Summe der individuellen Einzelentwicklungen, wie oft behauptet wird. Die Erfahrung lehrt: Organisationales Lernen ist ohne einen gezielten Wandel „mentaler Modelle" überhaupt nicht denkbar – dieser „bietet die stärkste Hebelwirkung für Veränderungen" (SENGE U.A. 1997, S. 276) –, umgekehrt werden mentale Entwicklungen nur dann zu einem „aktiven", d.h. verändernden Wissen, wenn sie die Rahmenbedingungen der Praxis, d.h. der Organisation und des Systems, mit einbeziehen.

> **Organisationales Lernen ist ohne einen gezielten Wandel mentaler Modelle nicht denkbar.**

Mentale Modelle („Deutungsmuster") – und damit Wissen – konstituieren sich jedoch nicht nur subjektiv, sondern auch kollektiv bzw. korporativ. Nicht nur einzelne Menschen, sondern Gruppen, Koalitionen und Fraktionen konstituieren und transformieren Mentalitäten als kollektiv geteilte bzw. akzeptierte oder auch „zuge-

---

1 In diesem Sinne weist KIESER in einem noch unveröffentlichten Papier darauf hin, „(...) dass sich Organisation und Organisieren vor allem in den Köpfen der Organisationsmitglieder abspielen und keine objektiven Phänomene darstellen" (KIESER o.J., S. 27).

mutete" Wissens- und Deutungsformen. Mit diesem Hinweis ist nicht nur die Frage nach den „Akteuren" („Wer?") des organisationalen Lernens erneut aufgeworfen, es eröffnet sich vielmehr auch die Möglichkeit, die in den neueren Hochglanzkonzepten des „Organizational Learning" häufig an den Rand gedrängten Aspekte von Interesse, Macht, Konflikt und Kooperation in ihrer Bedeutung für organisationale Lernprozesse genauer in den Blick zu nehmen, wie ich dies im ersten analytisch-programmatischen Schritt meiner Betrachtungen versuchen werde (vgl. a). Weitere Schritte der Analyse werden den Versuch einer nochmaligen deutungstheoretischen Präzisierung des „Was?" organisationalen Lernens beinhalten (Pkt. b) und sich schließlich der transformationstheoretischen Frage nach dem „Wie?" organisationalen Lernens widmen (Pkt. c).

a) Die akteurstheoretische Perspektive

Es kann m.E. nicht übersehen werden, dass auch die Konzepte zum organisationalen Lernen noch zu einseitig auf eine Art Wesensbestimmung dieses überindividuellen Lernkonzeptes bezogen sind, weshalb sie oft zu einseitig Ordnungs-, Systematisierungs- und Strukturierungsvorschläge beinhalten, die vielfach von unitarischen Vorstellungen *der* Organisation und *der* Kultur geprägt sind, während der Mensch als „zielorientierter Akteur" (SCHIMANK 1996, S. 210) im konfliktiven organisatorischen Kräfteverhältnis noch zu wenig konturiert wird. Dies gilt insbesondere für den Sachverhalt der prinzipiellen Konfrontation von Akteuren mit anderen Akteuren mit gegensätzlichen Handlungszielen und Interessenlagen. Die Frage, wie diese Pluralität von Handlungszielen und -orientierungen das organisationale Lernen, d.h. die Erzeugung, Verteilung und Weiterentwicklung von geteilten Deutungen und von handlungsleitendem Wissen, bestimmt, ist noch weitgehend ungeklärt. Eine akteurstheoretische Präzisierung des organisationalen Lernens muss deshalb im Blick auf die jeweilige Organisation folgende Fragen klären (vgl. ebd., S. 221):

(1) Welche Akteure bestimmen mit welchen Zielen (z.B. Interessen) die organisationale Interaktion und Kooperation?

(2) Über welche sozialen Einflusspotentiale (Macht, Geld, Wissen, Moral usw.) verfügen diese organisationalen Akteure?

(3) Welche organisationalen Konstellationen (Koalitionen, „Lager", Milieus) ergeben sich aufgrund von Zielinterferenzen, Beeinflussungen oder Weiterbildungen (i.S. eines organisationalen Einflusssoziogramms)?

(4) In welchen formellen und informellen organisationalen Strukturen findet dieses „Zusammenwirken einer Pluralität von Akteuren" (ebd.) seinen Ausdruck?

(5) Wie verhält sich das Ergebnis eines solchen Interessenausgleichs zu den jeweiligen Handlungsintentionen der Akteure?

Eine solche akteurstheoretische Fokussierung organisationalen Lernens ermöglicht es, dieses adäquater als Ausdruck und Ergebnis des multidimensionalen Zusammenwirkens einer Pluralität von Akteuren zu betrachten. Organisationslernen, Organisationswandel und Wissensentwicklung sind dabei systemische Resultate und weniger „Erfolge" interessenbezogener Handlungen, ganz so, wie es J.P. Satre bezüglich der Gestaltbarkeit von Geschichte feststellte: „Wenn mir die Geschichte entgleitet, so nicht deshalb, weil ich sie nicht mache, sondern weil auch der andere sie macht" (Satre; zit. nach Schimank 1996, S. 212).

Die akteurstheoretische Perspektive hilft uns somit, an die Stelle eindimensionaler Konzepte mit eher unterkomplexen Wirkungsillusionen bezüglich der Entwicklung, der Dokumentation und des Transfers von organisationalem Wissen (vgl. Probst u.a. 1997, S. 47 ff.) eine Betrachtung zu setzen, die in Rechnung stellt, dass organisationale Entwicklungen – und damit auch Organisationslernen – sich *grundsätzlich in Interferenzen* mit unterschiedlichen Akteuren realisieren, deren relatives Steuerungs- und Durchsetzungspotential *rekonstruiert*, aber kaum wirklich strategisch antizipiert werden kann. Die akteurstheoretische Perspektive hilft uns, diese Unvorhersagbarkeit der organisationalen Wissensentwicklung zu verstehen und vermittelt uns eine grundsätzliche Skepsis gegenüber Modellen, die letztlich eine irgendwie geartete Zwangsläufigkeit des Interessenausgleichs und der Wissens- und Kompetenzverteilung im organisationalen Entwicklungsprozess unterstellen. Gleichzeitig helfen uns akteurstheoretische Konzepte, die Neutralisierung von Wissen „als Information" zu überwinden und es in seiner politischen Funktion zu erkennen; Wissen steht organisational nicht einfach oder nicht zur Verfügung, sondern es wird vielmehr strategisch genutzt: „zur Stützung und Verteidigung bestimmter Positionen, zum Angriff auf die gegnerische Position oder zur stabilitätsorientierten Konfliktminderung" (Nullmeier 1993, S. 179). Und es ist das auch zufällige Zusammenwirken dieser Akteurspluralität, welche letztlich dafür den Ausschlag gibt, *welches* Wissen *wie* aktiv werden kann und nicht irgendeine ominöse Eigenschaft dieses Wissens selbst. Mit anderen Worten: Die akteurstheoretische Betrachtung organisationalen Lernens hilft uns zu erkennen, über welche innerorganisatorischen Prozesse und Interessenkonstellationen Wissen systemisch zu einem aktiven Wissen werden „darf" oder nicht und führt dadurch zu einer Neubelichtung der bislang ausgeklammerten[1], aber keineswegs gelösten Frage nach dem Lernsubjekt organisationalen Lernens.

b) Die deutungstheoretische Perspektive

Für eine deutungstheoretische Betrachtung des organisationalen Lernens ist – wie bereits dargelegt – der Gedanke grundlegend, dass Menschen als „meaning seeking animals" (Jarvis 1995, S. 8) die Wirklichkeit grundsätzlich vor dem Hintergrund und mit Hilfe der Deutungsmuster konstruieren, die sich biographisch bewährt haben, wobei es den bekannten Effekt der selektiven Wahrnehmung gibt, der darin besteht, dass man nur sehen kann, was man (bereits) weiß. Diesem Leben im Modus der Konstruktivität ist strukturell eine gewisse Starrheit zu eigen, da der Einzelne seinen Deutungsmustern nicht oder nur durch reflexives Lernen „entkommen" kann. Dieser strukturelle Konservatismus wird insbesondere dann zum Problem, wenn neue Anforderungen nicht mehr auf dem Hintergrund vertrauter Deutungen adäquat beschrieben werden können und Konstellationen verstanden und entsprechend gestaltet werden müssen, die man noch nicht oder noch nicht genau kennt. Dies aber genau ist zunehmend der Normalfall in Unternehmen: So verdiente Siemens bereits vor zehn Jahren über 50% seines Jahresumsatzes mit Produkten, die nicht älter als fünf Jahre waren

---

1 In diesem Sinne erklärt H. Geißler: „Unsere Überlegungen können, ja dürfen nicht mehr bei dem Problem einsetzen, wer denn das Subjekt beim Organisationslernen ist bzw. wie man es sich im Einzelnen vorstellen kann. Der Ausgangspunkt müssen vielmehr die Lernaktivitäten der Organisation sein" (Geißler 1994, S. 97) – was immer diese auch im Einzelnen ausmachen mag.

(OSTERLE 1989, S. 12) – ein Produktinnovationszyklus der sich heute auf ca. zwei bis drei Jahre verkürzt haben dürfte. Das verdeutlicht m.E. eindrucksvoll, dass heute vertrautes Wissen ständig aufgegeben und neue Sichtweisen kontinuierlich entwickelt werden müssen. Starrheit und Rigidität von Deutungsmustern sind somit in ganz entscheidendem Maße dafür ausschlaggebend, „wie viel Wandel bzw. Flexibilität in eine Organisation hineingelassen wird" (KÜHL 1995, S. 24) bzw. werden kann, und gleichzeitig verdeutlichen uns solche Überlegungen – dies sei hier nur nebenbei bemerkt –, dass die Wissensbasis lernender Organisationen in zunehmendem Maße auf fluide Wissensformen angewiesen ist.

Das Konzept vom „Leben im Modus der Auslegung" (TIETGENS 1981, S. 89 f.) findet auch in den neueren Konzepten zum Organisationslernen Parallelen, wenn diese auch noch kaum interventions- und gestaltungsorientiert gedeutet und präzisiert worden sind. Zu erwähnen ist u.a. der Ansatz von KARL E. WEICK, der von der „'invisible Hand' (of) sensmaking" (WEICK 1995, S. 3) spricht und dabei u.a. die interpretative Organisationstheorie von J.P. WALSH und G.R. UNGSON rezipiert, die „Organisation" als „a network of intersubjectively shared meanings" (WALSH/UNGSON 1991, S. 60) definieren[1]. Ähnlich definieren GILBERT PROBST und BETTINA BÜCHEL den Prozess des Organisationslernens als „grundlegende Veränderung des Bezugsrahmens" (PROBST/BÜCHEL 1994, S. 65), welche erkennbar wird an „der Veränderung des geteilten Wissens, der Erhöhung der geistigen und substantiellen Verhaltensmöglichkeiten und der Veränderung der intersubjektiven Wirklichkeitskonstruktionen" (ebd., S. 25). Und auch WOLLNIK betont ähnlich,

„(...) dass die Organisationsmitglieder in einer von ihnen selbst hergestellten Wirklichkeit agieren, dass bei der Konstitution der Wirklichkeit die Interpretationen der Organisationsmitglieder eine entscheidende Rolle spielen und dass es jenseits der Interaktionen und Interpretationen keine (für die organisationstheoretische Betrachtung relevante) Wirklichkeit gibt" (WOLLNIK 1992, Sp. 1784).

---

1 Ähnlich stellt SMIRCICH fest: „The social or organizational world exists only as a pattern of symbolic relationship and meanings sustained through the continued process of human interaction" (SMIRCICH 1983, S. 353).

Wenn dem so ist, dann ergeben sich für eine Analyse und Gestaltung organisationaler Lernprozesse grundlegende Konsequenzen.
Diese müssen sich zunächst – stärker als bislang – um die systematische Rekonstruktion der Deutungsmuster und Interpretationen der
beteiligten Mitarbeiter bemühen, auch mit dem Ziel zunächst die
Vielfalt der handlungsleitenden Wirklichkeitskonstrukte zu doku-
mentieren. „Seeing through the eyes of the people being studied" –
dieser von A. BRYMAN (1988, S. 63) der Sozialforschung ins Stamm-
buch geschriebene Slogan könnte m.E. dabei auch die Leitmaxime
für ein deutungsmuster-anknüpfendes Organisationslernen und ein
entsprechendes Managementhandeln sein. Auch PETER M. SENGE sensibilisiert in seinem viel zitierten Buch „Die fünfte Disziplin" dafür,
„(...) dass wir die Welt durch unsere mentalen Modelle sehen" (SEN-
GE 1996, S. 226), weshalb ein organisational wirksames Lernen den
Menschen in einer Organisation auch gezielt helfen soll, „(...) ihre
unterschiedlichen Betrachtungsweisen der Welt aufzudecken und
produktiv zu besprechen" (ebd., S. 222). Um solche Prozesse einer
reflexiven Transformation subjektiver Deutungs- und Wissensstrukturen analytisch erfassen und präzisieren zu können, müssen m.E.
im Blick auf die jeweilige Organisation folgende Fragen geklärt
werden:

(1) Welche Deutungsmuster lassen sich zu grundlegenden Ziel-,
     Kooperations- und Gestaltungsfragen der Organisationsentwick-
     lung identifizieren? Inwieweit konstituieren diese geteilten In-
     terpretationen organisationales Wissen?

(2) Wie korrespondieren oder variieren diese routinisierten Sicht-
     weisen mit den unterschiedlichen Akteursgruppen im Unter-
     nehmen? Gibt es status- und machtabhängige Typologien?

(3) Welche akteursgruppenübergreifenden „Shared Visions" oder
     geteilten Deutungsmuster lassen sich identifizieren? Wie sind
     diese entstanden? Wie haben sie sich entwickelt? Wie werden
     sie gewährleistet, d.h. verbreitet bzw. „enkulturiert"?

(4) Welche individuums- und biographiespezifischen Konstellatio-
     nen erklären die persönlichen Deutungsmuster, die nicht zum
     geteilten Vorrat an gemeinsamen Interpretationstendenzen
     zählen?

(5) Welche geteilten bzw. kollektiven und welche persönlichen Deutungsmuster fördern oder hindern organisationales Lernen?

Eine systematische deutungstheoretisch geleitete Analyse dieser Leitfragen kann einer praxisverbundenen Forschung und Beratung m.E. helfen, einen Einblick in die symbolische und interpretative Realität von Organisationen zu gewinnen und eine einseitig strukturorientierte Sicht organisationalen Lernens zu vermeiden. Sie kann helfen, die wechselseitige Durchdrungenheit von Struktur und Verhalten in organisationalen Lernprozessen zu erkennen, welche darin liegt, dass vorfindbare strukturelle Gegebenheiten oder „Zumutungen" zwar gedeutet und interpretiert werden, dies aber gleichzeitig dazu führt, „dass Struktur reproduziert wird" (WALGENBACH 1994, S. 86). Gleichzeitig vermag eine deutungstheoretisch geleitete Rekonstruktion der mentalen Strukturen und Modelle in einer Organisation „den Spiegel nach innen (zu kehren)" (SENGE 1996, S. 18) und das zu initiieren, was PETER SENGE „Metanoia", Umdenken, nennt (ebd., S. 23). Er schreibt: „Ein fundamentales Umdenken ist das eigentliche Herzstück einer lernenden Organisation" (ebd., S. 22). Doch gleichzeitig korrespondiert diese mentale Flexibilität auch in einer eigenartigen Paradoxie mit dem, was der englische Modernisierungstheoretiker SCOTT LASH als qualifikatorisches Pendant reflexiver Modernisierungsprozesse beschreibt. Insbesondere mit der Fähigkeit zu Infragestellungen wird zugleich „jene Art von Wissen" erlernt, welches die Menschen vollends aus den Vorgaben von Tradition und Konvention befreit und „sich als rationale Kritik gegen das 'System' wenden lässt" (LASH 1996, S. 199). Individualisierung und Entgrenzung des Einzelnen sind somit nur die Kehrseite einer Entwicklung, in deren Verlauf sich auch das Lernen von Organisationen dadurch ereignet, dass „(...) Menschen kontinuierlich entdecken, dass sie ihre Realität selbst erschaffen" (SENGE 1996, S. 22).

c) Die transformationstheoretische Perspektive

In Anbetracht der beschriebenen Konstruktivität von sozialen Strukturen ist die m.E. entscheidende Frage für eine Theorie organisationalen Lernens die nach den *Möglichkeiten einer Initiierung, Gestaltung und Begleitung mentaler Transformationen.* Gemeint ist damit nicht eine Art quasi-therapeutischer Aufladung betrieblicher Weiterbildung, und gemeint ist damit auch nicht, dass irgendeine betriebliche Instanz legitimiert und auch tatsächlich in der Lage sei, normative

Orientierungen und Deutungen des Personals nach eigenem Gusto auszurichten, was aber auch – nebenbei bemerkt – nur auf der Ebene schlichter missionspädagogischer Konzepte für tatsächlich möglich gehalten werden kann. Die transformationstheoretische Perspektive richtet ihr Hauptaugenmerk vielmehr darauf, „wie unser Lernen durch gewohnheitsmäßige Erwartungen beeinflusst wird und wie diese durch Reflexion verwandelt werden" (Mezirow 1997, S. 34) können. Der entscheidende „Mechanismus" dafür, dass eine solche Wandlung bzw. Transformation der „gewohnheitsmäßigen Erwartungen" gelingen kann, ist eine didaktische Inszenierung von Lernprozessen, die – um eine Formulierung von Peter Senge aufzugreifen – den Mitgliedern einer Organisation systematisch hilft, „(...) ihre unterschiedlichen Betrachtungsweisen der Welt aufzudecken und produktiv zu besprechen" (Senge 1996, S. 222). Erst eine solche Explikation der den Interaktionen zugrunde liegenden Annahmen und Prämissen sowie deren Reflexion eröffnet für die Interagierenden die Möglichkeit, den eigenen Deutungsmustern gegenüber in eine reflektierende Distanz zu gehen, zugrunde liegende Annahmen zu erkennen und zu reflektieren und alternative Sichtweisen zu erproben (vgl. Mezirow 1997, S. 53).

In diesem Sinne hat z.B. David Deshler das reflexive Lernkonzept der Metaphoren-Analyse entwickelt (Deshler 1990), welches erwachsene Lerner in die Lage versetzen kann, sich über verzerrte Wahrnehmungen selbst bewusst zu werden und die eigene Basis ihrer Wert- und Glaubensgrundsätze zu erkennen. Und auch Olaf-Axel Burow hat in seinem gestaltpädagogischen Ansatz ein Konzept zur Rekonstruktion und zum Wandel von „Leitmotiven und persönlichen Paradigmen" entwickelt, welches – wie er in der Sprache der TZI sagt – „als Basis für einen veränderten Kontakt zu sich selbst, zu anderen, zu Themen und zum Globe" (Burow 1993, S. 235) fungieren kann. Im Anschluss an G.A. Kellys „Psychologie der persönlichen Konstrukte" (1986) befasst Burow sich auch mit der Frage nach Veränderung und Veränderbarkeit solcher „persönlichen Konstrukte" oder „Leitmotive" und gelangt u.a. zu folgenden Ergebnissen:

„Die schrittweise Bewusstwerdung von einzelnen Mustern, aus denen sich der Leitmotivkomplex zusammensetzt, bis hin zur Erkenntnis der wahrnehmungs- und verhaltenssteuernden Leitmotive, kann den Wahrnehmungs- und Verhaltensspielraum erweitern.

Die Bewusstwerdung eigener Leitmotive erweitert nicht nur den Verhaltensspielraum des Einzelnen, sondern erhöht auch die Wahrscheinlichkeit, die Leitmotive anderer zu erkennen und zu verstehen. Sie stellt damit eine wichtige Voraussetzung für die Verwirklichung von Kontakt und Begegnung mit anderen dar.

Der Kern dieser Bewusstwerdung besteht in einer Rekonstruktion von Leitmotiven als Grundlage für einen veränderten Zugang zu sich selbst, zu anderen, zu Themen und zum Globe" (Burow 1993, S. 253).

Als Leitfragen für die Rekonstruktion, Reflexion und Bewusstwerdung sowie Transformation der Deutungsmuster ("mentale Modelle") könnten m.E. folgende Fragen angesehen werden:

(1) Welche verallgemeinerbaren „Erfahrungsregeln" lassen sich aus den „verlautbarten Theorien" (Senge 1996, S. 227) der Interaktionspartner rekonstruieren?

(2) Welche wahrnehmbaren Daten und Fakten stützen diese geäußerten oder impliziten Annahmen und Einschätzungen?

(3) Wo bestehen Einigkeit und wo Abweichungen über diese Daten und Fakten?

(4) Wie sind die Beteiligten von den Beobachtungen und Daten zu den abstrakten Annahmen (Erfahrungsregeln) gelangt?

(5) Wie lassen sich die individuellen oder geteilten Schlussfolgerungen auf der „Abstraktionsleiter" Schritt für Schritt erklären (Senge u.a. 1997, S. 283)?

Die für eine Bewusstwerdung der eigenen handlungsleitenden Deutungsmuster erforderliche reflexive Distanz kann auch durch wohl dosierte Diskrepanzerfahrungen sowie gezielte Irritationen oder gar Provokationen didaktisch erzwungen werden. Entsprechende Konfrontationsverfahren konnten im Rahmen eines Forschungsvorhabens an der Universität Kaiserslautern beobachtet und dokumentiert werden (vgl. Arnold 1998)[1]. Dabei wurde u.a. deutlich, dass die Wirksamkeit eines entsprechenden Transformationslernens davon

---

1   Es handelt sich um das Dissertationsvorhaben von Ingeborg Schüßler zum Deutungslernen in der Erwachsenenbildung, für welches u.a. ein Seminar der Firma Siemens zum Thema „Zielgerichtete Gesprächsführung und Zusammenarbeit" transkribiert wurde (Schüßler 2000).

abhängt, dass die persönlichen und geteilten Muster erkannt und durchbrochen werden können. Dies geschieht durch reflexives Lernen, ein Lernen, zu dem „(...) auch die Reflexion über Annahmen und Prämissen, durch die Bedeutungsschemata und -perspektiven transformiert werden können" (MEZIROW 1997, S. 53). Welche Formen ein solches Lernen annehmen kann und wie diese professionell initiiert und realisiert werden können, ist in der Theorie organisationalen Lernens m.E. noch nicht ausreichend geklärt. Es spricht aber viel dafür, dass die Führungs- und Personalentwicklungspraxis hier grundlegende Klärungen anleiten könnten. Eine entsprechende Bezugnahme könnte m.E. auch noch deutlicher ins Bewusstsein treten lassen, in welch grundsätzlicher Weise die Eigenständigkeit des Einzelnen, seine kritische Selbstreflexion und das organisationale Lernen miteinander verwoben sind: Mitarbeiter müssen eigenständig handeln können, bevor sie das organisationale Lernen mitgestalten können, und dieses wiederum trägt mit dazu bei, dass die Organisation nicht in gewachsenen Mustern erstarrt, sondern diese durchbricht und kontinuierlich neue Problemlösungen sucht.

Organisationales Lernen durch Deutungsmuster-Transformation

Akteurstheoretische Fragestellungen WER?	Deutungstheoretische Fragestellungen WAS?
(1) Welche Akteure bestimmen mit welchen Zielen (z.B. Interessen) die organisationale Interaktion und Kooperation?	(1) Welche Deutungsmuster lassen sich zu grundlegenden Ziel-, Kooperations- und Gestaltungsfragen der Organisationsentwicklung identifizieren?
(2) Über welche sozialen Einflusspotentiale (Macht, Geld, Wissen, Moral usw.) verfügen diese organisationalen Akteure?	(2) Wie korrespondieren oder variieren diese routinisierten Sichtweisen mit den unterschiedlichen Akteursgruppen im Unternehmen?
(3) Welche organisationalen Konstellationen (Koalitionen, „Lager", Milieus) ergeben sich aufgrund von Zielinterferenzen, Beeinflussungen oder Weiterbildungen (i.S. eines organisationalen Einflusssoziogramms)?	(3) Welche akteursgruppenübergreifenden „Shared Visions" oder geteilten Deutungsmuster lassen sich identifizieren? Wie sind diese entstanden? Wie haben sie sich entwickelt? Wie werden Sie verbreitet bzw. „enkulturiert"?
(4) In welchen formellen und informellen organisationalen Strukturen findet dieses „Zusammenwirken einer Pluralität von Akteuren" seinen Ausdruck?	(4) Welche individuums- und biographiespezifischen Konstellationen erklären die persönlichen Deutungsmuster, die nicht zum geteilten Vorrat an gemeinsamen Interpretationstendenzen zählen?
(5) Wie verhält sich das Ergebnis eines solchen Interessenausgleichs zu den jeweiligen Handlungsintentionen der Akteure?	(5) Welche geteilten und welche persönlichen Deutungsmuster fördern oder hindern organisationales Lernen?

Transformationstheoretische Fragestellung
WIE?

(1) Welche verallgemeinerbaren „Erfahrungsregeln" lassen sich aus den „verlautbarten Theorien" der Interaktionspartner rekonstruieren?

(2) Welche wahrnehmbaren Daten und Fakten stützen diese geäußerten oder impliziten Annahmen und Einschätzungen?

(3) Wo bestehen Einigkeit und wo Abweichungen über diese Daten und Fakten?

(4) Wie sind die Beteiligten von den Beobachtungen und Daten zu den abstrakten Annahmen (Erfahrungsregeln) gelangt?

(5) Wie lassen sich die individuellen oder geteilten Schlussfolgerungen auf der „Abstraktionsleiter" Schritt für Schritt erklären?

Organisationales Lernen

Wissen in Aktion

Literatur

AMERY, C.: Natur als Politik. Die ökologische Chance des Menschen. Reinbek 1976.

ARGYRIS, C.: Wissen in Aktion. Eine Fallstudie zur lernenden Organisation. Stuttgart 1997.

ARGYRIS, C./SCHÖN, D.: Organizational Learning. Reading/Mass. 1978.

ARNOLD, R.: Gelassenheit als alte-neue Lebenshaltung – eine Gedanken-Collage. In: Lisop, I. (Hrsg.): Die andere Seite. Profile und Liebhabereien gelehrter Männer. Frankfurt 1993, S. 109–128.

ARNOLD, R.: Weiterbildung. Ermöglichungsdidaktische Grundlagen. München 1996.

ARNOLD, R.: Kompetenzentwicklung und Organisationslernen. In: Vogel, N. (Hrsg.): Organisation und Entwicklung in der Weiterbildung. Bad Heilbrunn/OBB 1998, S. 86-110.

ARNOLD, R./MÜLLER, H.J. (HRSG.): Kompetenzentwicklung durch Schlüsselqualifizierung. Baltmannsweiler 1999.

ARNOLD, R./SCHÜßLER, I.: Wandel der Lernkulturen. Ideen und Bausteine für ein lebendiges Lernen. Darmstadt 1998.

ARNOLD, R./SIEBERT, H.: Konstruktivistische Erwachsenenbildung. Von der Deutung zur Konstruktion von Wirklichkeit. Bd. 4 der Schriftenreihe „Grundlagen der Berufs- und Erwachsenenbildung". Baltmannsweiler 1995.

ARNOLD, R. U.A. (HRSG.): Lernen und Lehren im Modus der Auslegung. Baltmannsweiler 1998.

ARNOLD, R./WEBER, H. (HRSG.): Weiterbildung und Organisation. Zwischen Organisationslernen und lernenden Organisationen. Berlin 1995.

BAECKER, D: Postheroisches Management. Ein Vademecum. Berlin 1994.

BAETHGE, M./BAETHGE-KINSKY, V.: Ökonomie, Technik, Organisation: Zur Entwicklung von Qualifikationsstruktur und qualitativen Arbeitsvermögen. In: Arnold, R./Lipsmeier, A. (Hrsg.): Handbuch Berufsbildung. Opladen 1995, S. 142–156.

BLEICHER, K.: Das Konzept Integriertes Management. Das St.-Gallener Management-Konzept. 4. revidierte und erweiterte Auflage. Frankfurt/New York 1996.

Brater, M./Bauer, H.G.: Schlüsselqualifikationen. Der Einzug der Persönlichkeits- entwicklung in die betriebliche Weiterbildung. Ansätze zur Integration fachlicher und fachübergreifender beruflicher Bildung. Eschborn 1990, S. 51–69.

Brocher, T.: Von der Schwierigkeit zu lieben. 8. Auflage. Stuttgart 1985.

Brockhagen, A./Flüter-Hoffmann, C.: Mitarbeiterpotential aktivieren – Unterneh- men stabilisieren: Qualifizieren für die Zukunft. Beiträge zur Gesell- schafts- und Bildungspolitik Nr. 230. Köln 1999.

Bryman, A.: Quantity and Quality in Social Research. London 1988.

Brocher, T.: Von der Schwierigkeit zu lieben. 8. Auflage. Stuttgart 1985.

Buchmann, K.: Die Kunst der Gelassenheit. Im Alltag aus der Mitte leben. Freiburg 1992.

Burow, O.-A.: Gestaltpädagogik. Trainingskonzepte und Wirkungen. Ein Hand- buch. Paderborn 1993.

Camus, A.: Der Mythos von Sisyphos. Reinbek 1970.

Capra, F.: Das neue Denken. Die Entstehung eines ganzheitlichen Weltbildes im Spannungsfeld zwischen Naturwissenschaft und Mystik. 3. Auflage. Bern u.a. 1988.

Cioran, E.M.: Syllogismen der Bitterkeit. Frankfurt a.M. 1980.

Coelho, P.: Auf dem Jakobsweg. Tagebuch einer Pilgerreise nach Santiago de Compostela. Zürich 1999.

Der Papalagi. Die Reden des Südsee-Häuptlings Tuiavii aus Tiavea. Zürich 1982.

Deshler, D.: Metaphor Analysis: Exorsting Social Ghost. In: Mezirow, J. et al.: Fostering Critical Reflection in Adulthood. A Guide to Transformative and Emanzipatory Learning. San Francisco 1990, S. 296–313.

Dettermann, D.K./Sternberg, R.J.: Transfer on Trial: Intelligence, Cognition and Institution. Norwood 1993.

de Vries, K.: Führer, Narren und Hochstapler. Essays über die Psychologie der Führung. Stuttgart 1998.

Diamond, S.: Was wir von den primitiven Gesellschaften lernen können – und lernen müssen (Gespräch). In: Heinrichs, H.-J. (Hrsg.): Das Fremde verstehen. Gespräche über Alltag, Normalität und Anormalität. Frank- furt 1985, S. 85–96.

Dierse, U.: Gelassenheit. In: Ritter, J. (Hrsg.): Historisches Wörterbuch der Philosophie. Bd. 3. Basel 1974.

Dörner, D.: Die Logik des Mißlingens. Reinbek 1989.

Eisenberg, G./Gronemeyer, M. (Hrsg.): Der Tod im Leben. Ein Lesebuch zu einem „verbotenen" Thema. Gießen 1985.

Erikson, E.: Identität und Lebenszyklus. Drei Aufsätze. Frankfurt 1980.

Evers, A./Nowotny, H.: Über den Umgang mit Unsicherheit. Die Entdeckung der Gestaltbarkeit von Gesellschaft. Frankfurt 1987.

Frisch, M.: Tagebuch 1966–1971. Frankfurt a. M. 1979.

Frisch, M.: Montauk. Eine Erzählung. Frankfurt 1981.

Fromm, E.: Analytische Charaktertheorie. Gesamtausgabe. Bd. 2. Stuttgart 1980.

Fromm, E.: Sozialistischer Humanismus und humanistische Ethik. Gesamtausgabe. Bd. 9. Stuttgart 1981.

Funk, R.: Gleichgültigkeit gegenüber dem Leben ist Feindseligkeit gegen das Leben. In: Nuissl, E. u.a.: Verunsicherungen in der Politischen Bildung. Bad Heilbrunn/OBB 1992, S. 93–114.

Gamm, H.-J.: Umgang mit sich selbst. Grundriß einer Verhaltenslehre. Reinbek 1977.

Geißler, H.: Wie Betriebe und Schulen (nicht) lernen. In: Beiler, J. u.a. (Hrsg.): Schlüsselqualifikation, Selbstorganisation, Lernorganisation. Materialien zur Berufsbildung. Bd. 4. Hamburg 1994, S. 96–121.

Geißler, K.: Zeit leben. Vom Hasten und Rasten, Arbeiten und Lernen, Leben und Sterben. Weinheim und Basel 1985.

Geißler, K.: Führung und Führungsqualifikation. In: Sozialökonomische Beiträge, 2 (1991), Heft 3, S. 45–56.

Gendolla, P.: Zeit – Zur Geschichte der Zeiterfahrung. Köln 1992.

Gomez, P./Probst, G.: Die Praxis des ganzheitlichen Problemlösens. Vernetzt denken – Unternehmerisch handeln – Persönlich überzeugen. Bern u.a. 1995.

Götz, K.: Kunden- und unternehmensorientierte Führung und Führungskräfteförderung in der Mercedes-Benz AG. München 1997.

Gracians, B.: Handorakel. Die Kunst der Weltklugheit. Deutsch v. A. Schopenhauer. Wien 1832.

Hauff, V. v. (Hrsg.): Unsere gemeinsame Zukunft. Geren 1987.

Heidegger, M.: Sein und Zeit. 16. Auflage. Tübingen 1986.

HEINRICHS, H.-J.: Die Lehre vom Zerfall. E. M. Cioran, ein lebensbejahender Meister der Verneinung. In: Frankfurter Rundschau vom 21. Oktober 1989.

HEINTL, P./KRAINZ, E.E.: Was bedeutet „Systemabwehr"? In: Götz: Theoretische Zumutungen. Vom Nutzen der systemischen Theorie für die Managementpraxis. Heidelberg 1994, S. 160–193.

HESSE, H.: Die Kunst des Müßiggangs. Frankfurt 1973.

HOFMANN, A.: Eigene Verhaltensmuster erkennen. Eine wesentliche Voraussetzung für erfolgreiche Unternehmensführung. In: Schweizer Handelszeitung vom 18. März 1993.

HOHN, H.-W.: Die Zerstörung der Zeit. Wie aus einem göttlichen Gut eine Handelsware wurde. Frankfurt 1984.

HOLLSTEIN, W.: Nicht Herrscher, aber kräftig. Die Zukunft der Männer. Reinbek 1991.

JAEGER, H.: Komplexe Systeme. Eine Schule der Bescheidenheit. In: Kursbuch 98: Chaos. Berlin 1989, S. 149–163.

JARVIS, P.: Adult and continuing education. Theory and Practice. 2nd. Ed. London/New York 1995.

JESERICH, W.: Top-Aufgabe. Die Entwicklung von Organisationen und menschlichen Ressourcen. München/Wien 1989.

KELLY, G.A.: Die Psychologie der persönlichen Konstrukte. Paderborn 1986.

KIESER, A.: Über die allmähliche Verfertigung der Organisation beim Reden. Organisieren als Kommunizieren. Unveröff. Manuskr. o.O. o.J.

KÖSEL, E.: Arbeitsplatzbezogenes, dezentrales Lernen und neue Lernortkombinationen. In: Dehnbostel, P./Peters, S. (Hrsg.): Dezentrales und erfahrungsorientiertes Lernen im Betrieb. Stuttgart 1990, S. 161–180.

KRUSE, W.: Der „Lebenslauf" ist out. In: Erziehungswissenschaft und Beruf, 49 (1997), Heft 4, S. 8–12.

KÜHL, S.: Wenn die Affen den Zoo regieren. Die Tücken der flachen Hierarchien. Frankfurt/New York 1995.

LAOTSE: Tao te king. Das Buch vom Sinn und Leben. Übersetzt und mit einem Kommentar von Richard Wilhelm. München 1991.

LASH, S.: Reflexivität und ihre Doppelungen: Struktur, Ästhetik und Gemeinschaft. In: Beck, U./Giddens, A./ders.: Reflexive Modernisierung. Eine Kontroverse. Frankfurt 1996, S. 195–288.

LAUSTER, P.: Wege zur Gelassenheit. Souveränität durch innere Unabhängigkeit und Kraft. Reinbek 1988.

LEGLER, R.: Sternenstraße und Pilgerweg. Der Jakobs-Kult von Santiago de Compostela. Wahrheit und Fälschung. Bergisch Gladbach 1999.

LINDENBERG, W.: Lob der Gelassenheit. Weisheiten und Geschichten. Freiburg u.a. 1984.

LITT, T.: Führen oder Wachsenlassen. Eine Erörterung des pädagogischen Grundproblems. Stuttgart 1965.

LUHMANN, N.: Soziale Systeme. Grundriß einer allgemeinen Theorie. Frankfurt a.M. 1987.

LYOTARD, J.-F.: Das postmoderne Wissen. Graz/Wien 1986.

MEZIROW, J.: Transformative Erwachsenenbildung. Baltmannsweiler 1997.

MÜLLER, H.-J.: Die Forderung der Selbsterschließungskompetenz durch handlungs- und erfahrungsorientierte Modelle in der betrieblichen Bildungsarbeit. In: Arnold, R. (Hrsg.): Lebendiges Lernen. Baltmannsweiler 1996, S. 229–254.

MÜLLER, J.: Der Umgang mit sich und anderen. 3. Auflage. München 1986.

MÜNCH, J. (HRSG.): Lernen – aber wo? Der Lernort als pädagogisches und lernorganisatorisches Problem. Trier 1977.

MUSIL, R.: Der Mann ohne Eigenschaften I. Reinbek 1988.

NEUBERGER, O./KOMPA, A.: Wir, die Firma. Der Kult um die Unternehmenskultur. Weinheim und Basel 1987.

NULLMEIER, F.: Wissen und Policy-Forschung. Wissenspolitologie und rhetorisch-dialektisches Handlungsmodell. In: Héritier, A. (Hrsg.): Policy-Analyse. Kritik und Neuorientierung. Sonderheft 24/1993 der Politischen Vierteljahresschrift. Opladen 1993, S. 175–196.

OSTERLE, H.: Wissensexpansion erfordert neue Lernwege. In: Lernfeld Betrieb, 5/1989, S. 12.

PÄTZOLD, G.: Organisationales Lernen. In: Kaiser, F.-J./ders. (Hrsg.): Wörterbuch der Berufs- und Wirtschaftspädagogik. Bad Heilbrunn/OBB 1999.

PETERS, T.J./WATERMANN JUN., R.H.: Auf der Suche nach Spitzenleistungen. Was man von den bestgeführten US-Unternehmen lernen kann. Landsberg a. Lech 1986.

PROBST, G.J.B.: Selbst-Organisation. Ordnungsprozesse in sozialen Systemen und ganzheitlicher Sicht. Berlin und Hamburg 1987.

PROBST, G.J.B./BÜCHEL, B.S.T.: Organisationales Lernen. Wettbewerbsvorteil für die Zukunft. Wiesbaden 1994.

PROBST, G.J.B./GOMEZ, P. (HRSG.): Vernetztes Denken. Ganzheitliches Führen in der Praxis. 2. Auflage. Wiesbaden 1991.

PROBST, G.J.B./RAUB, S./ROMHARDT, K.: Wissen Managen. Wie Unternehmen ihre wertvollste Resource optimal nutzen. Frankfurt/Zürich 1997.

ROGERS, C.: Lernen in Freiheit. Zur Bildungsreform in Schule und Universität. 3. Auflage. München 1979.

RUBART, F.: Industrielle Entwicklung und berufliche Bildung. Ist das Berufsbildungssystem dem globalen Trend zum Qualitätswettbewerb gewachsen? Diskussionsergebnisse. In: Dybowski, G. u.a.: Berufliche Bildung und betriebliche Organisationsentwicklung – Anregungen für die Berufsbildungsforschung. Dokumentation einer gemeinsamen Expertentagung des Bundesinstituts für Berufsbildung (Berlin), des Instituts Technik und Bildung (Köln) und der Volkswagen AG (Wolfsburg). Bremen 1993, S. 110–125.

RUMPF, H.: Wider die Lernschnellwege. In: Frankfurter Rundschau vom 18.03.1993.

SCHÄFFTER, O.: Weiterbildung in der Transformationsgesellschaft. Zur Grundlegung einer Theorie der Institutionalisierung. Berlin 1998.

SCHELLENBAUM, P.: Das Nein in der Liebe. Abgrenzung und Hingabe in der erotischen Beziehung. München 1986.

SCHIMANK, U.: Theorien gesellschaftlicher Differenzierung. Opladen 1996.

SCHMIDBAUER, W.: Liebeserklärung an die Psychoanalyse. Reinbek 1988.

SCHMIDT, S.J.: Die Zähmung des Blicks. Konstruktivismus – Empirie – Wissenschaft. Frankfurt 1998.

SCHMITZ, E.: Erwachsenenbildung als lebensweltbezogener Erkenntnisprozeß. In: ders./Tietgens, H. (Hrsg.): Erwachsenenbildung Bd. 11 der Enzyklopädie Erziehungswissenschaft. Stuttgart 1984, S. 95–123.

SCHÜßLER, I.: Deutungslernen. Baltmannsweiler 2000.

SCHULZE, G.: Die Erlebnisgesellschaft. Kultursoziologie der Gegenwart. Frankfurt a.M. 1992.

SENGE, P.: Die fünfte Disziplin. Stuttgart 1996.

SENGE, P.M. U.A.: Das Fieldbook zur Fünften Disziplin. Stuttgart 1997.

Siebert, H.: Bildung im Schatten der Postmoderne. Von Prometheus zu Sisyphos. Frankfurt a.M. 1992.

Sloane, P.F.E.: Situationen gestalten. Markt Schwaben 1999.

Sloterdijk, P.: Sind wir zur Gelassenheit gezwungen? Gespräch mit Eberhard Zenz. Sendung des Studios 3 des RIAS Berlin. Sendungsmitschnitt. Berlin 1988.

Smircich, L.: Concepts of culture and organizational analysis. In: Administrative Science Quaterly, 28 (1983), S. 339–358.

Staehle, W.: Management. Eine verhaltenswissenschaftliche Perspektive. München 1989.

Staudt, E.: Wechselwirkung zwischen Kompetenzentwicklung und individueller Entwicklung, Unternehmens- und Regionalentwicklung. In: QUEM-Bulletin, 3/1996, Berlin, S. 14–16.

Staudt, E./Meier, A.J.: Reorganisation betrieblicher Weiterbildung. In: Bergmann, B. u.a.: Kompetenzentwicklung '96. Strukturwandel und Trends in der betrieblichen Weiterbildung. Münster u.a. 1996, S. 263–336.

Stiefel, R.T.: Lektionen für die Chefetage. Personalentwicklung und Management Development. Stuttgart 1996.

Stockmann, R.: Qualitätskonzepte beruflicher Weiterbildung im Überblick. In: v. Bardeleben, R. u.a. (Hrsg.): Weiterbildungsqualität. Konzepte, Instrumente, Kriterien. Bonn 1995, S. 17–28.

Stockmann, R./(unter Mitarbeit von Resch, A.): Die Nachhaltigkeit von Entwicklungsprojekten. Eine Methode zur Evaluierung am Beispiel von Berufsbildungsprojekten. Opladen 1992.

Tausch, R./Tausch, A.: Wege zu uns. Menschen suchen sich selbst zu verstehen und anderen offener zu begegnen. Reinbek 1983.

Tietgens, H.: Die Erwachsenenbildung. München 1981.

Ulrich, H./Probst, G.: Anleitung zum ganzheitlichen Denken und Handeln. Ein Brevier für Führungskräfte. Bern/Stuttgart 1988.

Varela, F.: Kognitionswissenschaft – Kognitionstechnik. Frankfurt a.M. 1990.

Vester, F.: Neuland des Denkens. Vom technokratischen zum kybernetischen Zeitalter. 5. Auflage. München, 1988.

Vester, F.: Unsere Welt – ein vernetztes System. 9. Auflage. München 1996.

Walgenbach, P.: Mittleres Management. Aufgaben Funktionen Arbeitsverhalten. Wiesbaden 1994.

WALSH, J.P./UNGSON, G.R.: Organizational Memory. In: Academy of Management Review, 16 (1991), S. 57–91.

WARNECKE, H.-J.: Die Fraktale Fabrik. Revolution der Unternehmenskultur. 3. Auflage. Hamburg 1996.

WATTS, A. W.: Weisheit des ungesicherten Lebens. 7. Auflage. Bern u.a. 1990.

WATZLAWICK, P.: Die Möglichkeit des Andersseins. Zur Technik der therapeutischen Kommunikation. 4. Auflage. Bern u.a. 1991.

WEICK, K.E.: Sensemaking in Organizations. Thousand Oaks 1995.

WEIZSÄCKER, C.F. v.: Der Garten des Menschlichen: Beiträge zur geschichtlichen Anthropologie. Frankfurt 1980.

WELSCH, W.: Postmoderne – Pluralität als ethischer und politischer Wert. Köln 1988.

WILLKE, H.: Systemisches Wissensmanagement. Stuttgart u.a. 1998.

WITTGENSTEIN, L.: Bemerkungen über die Farben. Über Gewißheit. Zettel. Vermischte Bemerkungen. Bd. 8 der Werkausgabe. Frankfurt a.M. 1984.

WOLLNIK, M.: Organisationstheorie, interpretative. In: Freese, E. (Hrsg.): Handbuch der Organisation. Stuttgart 1992, Sp. 1778–1798.

WOLLNIK, M.: Interventionschancen bei autopoietischen Systemen. In: Götz: Theoretischen Zumutungen. Vom Nutzen der systemischen Theorie für die Managementpraxis. Heidelberg 1994, S. 118–159.

ZOLL, R.: Krise der Zeiterfahrung. In: ders. (Hrsg.): Zerstörung und Wiederaneignung von Zeit. Frankfurt 1988, S. 9–33.

ZUR BONSEN, M.: Führen mit Visionen. Der Weg zum ganzheitlichen Management. Wiesbaden 1994.

ZU KNYPHAUSEN, D.: Selbstorganisation und Führung. Systemtheoretische Beiträge zu einer evolutionären Führungskonzeption. In: Die Unternehmung, 45 (1991), Heft 1, S. 47–63.

Stichwortverzeichnis

Deutschland 2010

– Szenarien der Arbeitswelt von morgen

Siegfried Haarbeck (Hrsg.)

2000, 201 Seiten, gebunden, 49,90 DM/ 364,– ÖS/49,90,– SFR, ISBN 3-87156-267-X

Wie sieht Deutschland im Jahre 2010 aus

Visionen von der künftigen Organisation unserer Arbeitswelt sind für die Weichenstellung in der Gegenwart dringend erforderlich.

- Welche neuen Trends und Entwicklungen werden die Arbeitswelt von morgen beeinflussen?

- Welche neuen Arbeitsformen und -inhalte werden entstehen?

- Welche Anforderungen werden an die Qualifikation der Arbeitnehmer gestellt)

In diesem Buch geben Trendforscher aus Großunternehmen und Banken, Mittelständler und Unternehmensberater ihre Antwort auf diese Fragen.

Aus dem Inhalt

- Patchworking: Leben wir nur noch mit mehreren Jobs?

- Arbeit und Produkte: Welche Dienstleistungen und Produkte werden angeboten, was wird konsumiert? Welche Berufsbilder und welche Jobs ergeben sich daraus?

- Qualifizierung für die Zukunft: Wie und wo lernen die Menschen?

- Modelle der Arbeit: Teleworking, Experten Leasing, Job-Nomaden, Job-Sharing oder 60 Stunden bis zum 75. Lebensjahr?

- Der tätige Mensch als „Ich-GmbH"

Deutscher Wirtschaftsdienst

Fachverlag Deutscher Wirtschaftsdienst GmbH
Internet: http://www.dwd-verlag.de
eMail: box@dwd-verlag.de

Bitte bestellen Sie bei Ihrem Buchhändler oder leiten Sie einfach Ihre Wünsche an den Verlag weiter!

Kostenlose Bestellung per Fax 0800/801 801 8

☒ **Ja,** hiermit bestelle ich

_____ Ex.

Deutschland 2010

2000, 201 Seiten, gebunden, 49,90 DM/364,– ÖS/ 49,90,– SFR, ISBN 3-87156-267-X

Name/Vorname

Str./Nr.

PLZ/Ort

X

Datum   1. Unterschrift/Bestellung

Widerruf: Ich weiß, dass ich meine Bestellung innerhalb von 10 Tagen schriftlich beim Verlag widerrufen kann (Datum des Poststempels).

X

Datum   2. Unterschrift/Widerruf   **6235**